江西通史

——元代卷上冊

總序

鍾起煌

　　世界上的很多事情都是由機緣而起因執著而成，包括我們這部《江西通史》。說由機緣而起，是因為這件事情的發生幾乎純屬偶然。二〇〇二年夏天，我和彭適凡、孫家驊同仁談到江西悠久的歷史、談到江西輝煌的文化，因而產生了組織專家編撰《江西通史》的設想，彭、孫二位當即認為此舉當行而且可行。

　　說因執著而成，是因為一旦有這個想法，而且認為這是一件研究江西歷史、弘揚江西文化的重要工程，就決心去做。為此，我徵詢了周鑾書同仁的意見，並邀請邵鴻和方志遠同仁共商此事，得到他們的熱烈回應。二〇〇二年十月十八日，在江西省文物局和江西師大歷史文化與旅遊學院共同舉辦的全省文博教育成果展示與經驗交流會上，我向大會通報了編撰《江西通史》的意見，引起全體代表的熱烈反響，大家用長時間的熱烈掌聲表示支持，認為這是貫徹「三個代表」重要思想、全面挖掘和整理江西傳統文化、推進江西經濟文化建設的一大盛事。有了這個共識，十二月，準備工作進入實質性階段。在我的主持下，召開了有關專家和編輯人員的聯席會議，對編撰《江西通史》的指導思想、作者人選、工作日程、成果形式等具體問題展開了比較細緻的討

論。二〇〇三年二月十五日，召開了第一次編撰工作會，《江西通史》的編撰工作就此正式啟動。

　　雖然說是機緣和偶然，但新的《江西通史》的編撰，實具備諸多因素和條件。一、江西在中國歷史上具有重要的地位。根據最新的考古發現，在江西這塊土地上，人類的活動至少已有二十萬年歷史，它是中華民族發展史和古代文明發展史的重要組成部分；唐末五代以來，隨著全國經濟重心的南移，江西遂為全國經濟文化最為發達的省份之一，其物產之富、人才之眾，舉世矚目；進入二十世紀，江西又因為中央蘇區的建立而成為全國蘇維埃運動的中心。很難想像，在十分漫長的時段裡，沒有江西的中國歷史將會是什麼樣子。

　　二、文獻與實物資料豐富。江西既有「物華天寶、人傑地靈」之譽（唐王勃語），又素稱「文章節義」之邦（宋司馬光語）和「人文之藪」（清乾隆帝語），存世官修私撰文獻極為豐富。近年來一系列的考古發現，既可彌補文字記載之不足，更可與文獻資料相互印證，為編撰《江西通史》提供了可供參考的實證材料和科學依據。

三、前期成果豐碩、學術隊伍整齊。老一輩的歷史學家仍然健在，他們不但學術積累深厚，而且對研究江西歷史有著強烈的責任心；中青年學者正趨成熟，他們繼承了前輩學者的嚴謹學風，又吸收了新的研究方法和研究技術，思維敏捷，勇千創新。在他們的共同努力下，這些年來已有大批高品質的有關江西歷史的學術成果問世，這些成果涉及江西歷史的方方面面，為編撰《江西通史》奠定了堅實的學術基礎。

四、政治環境寬鬆、經濟形勢發展。盛世修志是中國的傳統。改革開放以來，政通人和，國泰民安，江西經濟和全國一樣，有較快速度的發展。這為編撰《江西通史》提供了自由的學術氣氛和比較充裕的財力保證。近年來，江西的學術事業和出版事業取得了有目共睹的成就，連續獲得中宣部「五個一」工程獎和國家圖書獎、中國圖書獎，給江西文化藝術界和學術界以振奮，也引起了各兄弟省市的關注。這些成就的取得，為我們組織大規模著作的編撰工作提供了經驗。而周邊各省如湖北、湖南、浙江以及其他省市新編通史的紛紛問世，對《江西通史》的編撰是有力的推動，也提供了有益的借鑑。

五、從我個人來說，當時也恰恰能分出一些精力和時間來抓這件事情。於是儘力協調各方面的關係，為作者們、編者們排除各種障礙，以保證這項重大工程的圓滿完成。

四年來，《江西通史》的編撰工作得到了各方面的關心和支持。黃智權、吳新雄省長親自過問此事並指示有關部門給予支持，省政協將其作為一件大的文化事業進行推動，省社聯將其列為重大科研項目，江西師大、南昌大學、省社科院、省文物局、

省博物館和省考古所等有關單位也對參與編撰的專家們給予各種便利，出版部門派出了強大的編輯班底並準備了足夠的啟動和出版資金。特別要指出的是，各位作者在繁忙的教學和科研工作中，能夠將《江西通史》的寫作列入重要的工作計畫並全身心地投入。我在第一次全體編撰會議上指出，《江西通史》的編撰是一項挖掘和弘揚江西歷史文化傳統的千秋事業，希望作者和編者將其視為自己學術生涯中的重大事業。事實證明，作者和編者們後來都是這樣要求自己的。正是因為有了各方面的支持和全體編撰人員的共同努力，十一卷的《江西通史》才能順利地完成書稿並得到如期出版。

明代中期，隨著區域經濟文化的發展，修撰地方誌成為一大文化現象。各省、各府乃至各縣的省志、府志、縣誌大量湧現。此後遂為傳統。盛世修志也不僅僅限於修前朝歷史，更大量、更具有普遍意義的乃是修當地地方史。具有全域意義的江西省志也正是在這個時候產生的。自明中期以來，江西整體史著作已編撰過多部，其中著名的有：林庭㭿《江西通志》（37 卷，明嘉靖四年），王宗沐《江西省大志》（8 卷，嘉靖三十五年；萬曆二十五年陸萬陔增修），于成龍、杜果《江西通志》（54 卷，清康熙二十二年），白潢、查慎行《西江志》（206 卷，康熙五十九年），高其悼、謝旻《江西通志》（163 卷，雍正十年），劉坤一、劉繹、趙之謙《江西通志》（180 卷，光緒七年），吳宗慈、辛際周、周性初《江西通志稿》（9 編，民國三十八年）。20 世紀末，又有許懷林的《江西史稿》（1994 年，江西高校出版社），陳文華、陳榮華主編的《江西通史》（1999 年，江西人民出版社）問

世。這些著作在保留江西歷史遺存、挖掘江西歷史文化方面作出了重要的貢獻。如何在充分吸取前人成果的基礎上有所發展、有所創新，是對新編《江西通史》的考驗。

為了使新的《江西通史》更具有時代特色和歷史價值，更具有劃時代的意義，我們對這部著作提出了以下的要求。

一、中國歷史是一個整體，我們在研究任何地方歷史的時候，都不能脫離這個整體。因此，正確認識各個歷史時期江西在全國政治經濟格局中的地位就顯得尤其重要，必須充分關注江西與中央、與周邊地區的關係，不溢美、不自卑，不關起門來論江西，將《江西通史》寫成一部與中華民族的整體有著血肉連繫的江西歷史。

二、《江西通史》是系統記述和研究江西歷史的大型學術著作，由眾多學者共同參與完成。一方面，各卷是作者的個人成果，是作者最新研究成果的結晶，可以也應該有自己的風格和特色，所以希望作者精益求精，使其成為各自領域的學術精品。另一方面，甚至更為重要的是，它又必須是一個整體，是一部「通史」，所以全書十一卷必須有統一的體例和統一的要求，在文風上一定要力求簡潔、明快。各卷作者務必服從整體、服從大局，使自己的作品成為整個《江西通史》的有機組成部分。

三、《江西通史》必須是一部真實、動態、有可讀性的信史。所謂真實，是指史料精實、言必有據。此據是經過考證後認為合理的，否則，「盡信書則不如無書」（孟子語）。這就需要每個作者盡可能地系統爬梳和挖掘史料，又謹慎辨析和使用史料。所謂動態，是指用發展的眼光看問題，既將問題放在特定的歷史

背景之下，又特別關注它的演進過程，因為即使是同一件事物，其狀態和作用也是隨著時間的推移和社會的變遷而變化的。這就需要每個作者以歷史唯物主義和辯證唯物主義的觀點和方法去闡釋歷史、去探討歷史演進的規律。所謂有可讀性，是指應該用流暢的文字、敘述的方法寫作，展示的是作者的觀點和結論，而不是考辨的過程，它的體例是史書而不是論文。無圖不成書。圖文並茂是中國出版物的優良傳統和重要特點，《江西通史》應該在盡可能的悄況下，收集能夠說明江西歷史各階段各方面狀況的歷史圖片，以加強其歷史感和可信度，同時也使其更具有可讀性。

四、以人為本，以民為本，以基層社會為本。所謂以人為本，指的是要寫成人的歷史，以人的活動為描述對象，即使是制度、習俗，也應盡可能地有入的活動。所謂以民為本，指的是站在大眾的立場上來敘述歷史、看待歷史，更多地敘述大眾的活動。所謂以基層為本，是因為地方史本身就是基層乃至底層的歷史，要揭示基層組織和底層社會的活動狀況。在此基礎上，充分重視統治者和社會菁英對社會的主導作用，重視自然環境、人文環境，特別是包括傳統價值觀念和現實政治制度等在內的上層建築對個人、對大眾、對底層的影響和制約作用，寫成一部上層建築與經濟基礎互動、國家權力與基層社會互動、社會菁英與人民大眾互動的歷史。

十一卷本《江西通史》即將付梓，我們希望它的出版能夠成為江西歷史研究的新的里程碑、能夠成為江西文化史上的一大盛事。當然，能否達到這個目標，還要由讀者和歷史來檢驗。

前言

　　元朝是中國歷史上第一個由游牧民族肇建而實現一統的王朝。一二○六年（南宋開禧二年），蒙古部首領鐵木真兼併漠北草原各部後，在斡難河（今鄂嫩河）源稱帝建國，尊號「成吉思汗」，國號「大蒙古國」。隨後，成吉思汗及其子孫開始了一系列征服戰爭：一二二七年滅西夏，一二三四年滅金，一二七六年占領南宋都城臨安（治今浙江省杭州市），一二七九年在廣州新會以南的崖山將南宋行朝徹底傾覆，並遠征海外；與此同時，連續三次遠征西域，使大蒙古國軍隊馬蹄和聲威西至地中海東岸，東達朝鮮半島，南及越南、爪哇，北包西伯利亞。一二七一年（南宋咸淳七年），成吉思汗孫忽必烈（元世祖）採納漢人文臣劉秉忠等人的建議，以大蒙古國疆域之廣，超越前古，乃取《易經》「乾元」之意，以「元」為國號，謂「元也者，大也。大不足以盡之，而謂之元者，大之至也」[1]。從此，漢文文書只使用

1　蘇天爵：《元文類》卷四十《經世大典序錄·帝號》，國學基本叢書本。

「元」或「大元」作為國號，蒙古文書仍襲用「大蒙古國」之名，二者所指範圍一致，即包括大汗統治地域（元朝政府直接管轄的地域）和西北伊利汗國、察合台汗國、欽察汗國、窩闊台汗國四個由成吉思汗子孫建立的宗藩國[2]。故，元朝歷史從成吉思汗建國開始，到明軍進入大都、元順帝退出中原為止，前後一百六十三年（1206-1368 年）。歷十四帝。

元朝歷史大體可分為四個時期：一是前四汗時期，歷太祖成吉思汗、太宗窩闊台、定宗貴由、憲宗蒙哥四朝（1206-1259年）；二是元前期，即忽必烈時期（1260-1294 年）；三是元代中期，歷成宗鐵穆耳、武宗海山、仁宗愛育黎拔力八達、英宗碩德八剌、泰定帝也孫鐵木兒、天順帝阿速吉八、明宗和世珠、文宗圖帖睦爾和寧宗懿璘質班九帝（1295-1332 年）；四是元代末期，指順帝妥歡貼睦爾統治時期（1333-1368 年）。

元人說，本朝直接管轄的地域「北逾陰山，西極流沙，東盡遼左，南越海表」[3]，被劃分為十二個一級行政區，即中書省直轄區（又稱腹裡）、十個行省和中央宣政院直轄的吐蕃地區。十行省是陝西行省、四川行省、甘肅行省、遼陽行省、嶺北行省、雲南行省、河南行省、江浙行省、江西行省和湖廣行省[4]。其

2　蕭啟慶：《說「大朝」：元朝建號前蒙古的漢文國號兼論蒙元國號的演變》，原刊於《漢學研究》第三卷第一期（1985 年 6 月），第 23-40 頁；又收於第著《蒙元史新研》，臺灣允晨文化實業股份有限公司1994 年版，第 23-46 頁。

3　《元史》卷五八《地理志一》，中華書局 1976 年版。

4　以上內容並請參閱陳得芝主編《中國通史》第八卷《中古朝代・元時

中，江浙、江西、湖廣三行省因位於長江中下游以南，又有許多相似性，元代文獻稱之為「江南」，研究者則習慣並稱為「江南三行省」。

江西行省地處江南三行省中部，境域狹長，跨越南嶺南北，包括今江西省大部和廣東省大部，今天的江西省在元代則分屬江浙和江西兩行省。具體說來，今南昌市、九江市、宜春市、新余市、萍鄉市、吉安市、撫州市和贛州市隸屬江西行省，上饒市、景德鎮市和鷹潭市歸江浙行省管轄。本卷所討論的地理範圍指今日之江西省。為示今日「江西省」與元代「江西行省」（全稱是「江西等處行中書省」，元人有時亦簡稱為「江西省」）之區別，本卷行文時，以「江西」或「江西地區」指代今日之江西省，元代的江西行省則徑直稱為「江西行省」。

江西地區與蒙古人的接觸始於一二五九年（南宋開慶元年）憲宗蒙哥時期的征宋戰爭。當時，僅西部的臨江軍（治今江西省樟樹市臨江鎮）和瑞州（治今江西省高安市）短暫地受到蒙古軍隊的攻擊，其餘州郡未被擾動。就在這年，奉命南征的忽必烈派人與貴溪龍虎山第三十五代天師張可大接觸，揭開了江西道教在元代的貴盛之幕。

至元十一年（1274 年，南宋咸淳十年）九月，元朝開始大舉攻宋。次年正月，江西進入元軍的視野。經過兩年戰爭，到至元十三年（1276 年）歲末，元軍基本占領江西地區，江西由此

期（上）》，上海人民出版社 1997 年版，第 245-252 頁。

進入長達八十餘年的蒙元統治時期。

至正十一年（1351年）五月，韓山童、劉福通在河南行省潁州（治今安徽省阜陽市）潁上縣宣佈起事，揭開了元末席捲全國的農民起事大幕。八月，河南行省黃州路（治今湖北省黃岡市）麻城鐵工鄒普勝、羅田布販徐壽輝等起兵於蘄州（治今湖北省蘄春縣）。十月，徐壽輝稱帝，國號「天完」。十二年（1352年）初，天完軍隊進入江西，江西民眾蜂起響應。經過元軍與天完軍隊的反覆爭奪，至正十九年（1359年），江西地區盡歸天完政權，元朝在江西的統治徹底瓦解。次年閏五月初一，天完部將陳友諒殺徐壽輝，自稱皇帝，國號「大漢」，江西遂為漢政權所有（袁州除外）。至正二十年（1360年）六月，朱元璋攻下信州（如今江西省上饒市），勢力進入江西。二十四年（1364年）二月，朱元璋消滅漢政權，次年正月，贛州降，江西基本處於朱元璋的控制之下（名義上隸屬以韓山童之子韓林兒為帝的宋政權）。至正二十八年（1368年，明洪武元年）正月，朱元璋稱帝，國號「大明」，江西進入明朝統治時期。

本卷所討論的時間範圍起自一二五九年，即蒙哥征宋、蒙古軍與江西接觸之時，迄於一三六五年贛州降附朱元璋，歷時一百〇七年，而以元朝統治江西的八四年（1276-1359年）為重點。根據元朝史的分期和江西的歷史進程，本卷將其分為三個階段：前期是忽必烈統治時期（1276-1295年），往前兼及宋元對江西的爭奪，中期是成宗至寧宗時期（1295-1332年），後期是順帝統治時期（1333-1359年），後及陳友諒和朱元璋在江西的爭奪。在此期間，江西地區先是經歷了世祖時期近二十年的社會

動盪與衰敝，到世祖、成宗之交，社會恢復安定。此後，除延祐二年（1315 年）爆發的寧都蔡五九起事影響較大外，江西百姓基本能夠安居樂業，社會經濟和文化教育在故宋的基礎上繼續發展。順帝繼位後，江西成為江南較早出現騷動的地區。至正十一年（1351 年）爆發紅巾軍的大規模起事後，江西很快捲入其中。所以，元代江西社會的穩定期只有五十餘年。

元朝對江南的統治政策基本定型於世祖時期。對於這片遠離元廷中心而顯得陌生的新占領區，雄才大略的忽必烈以安撫為基本方略，由此宣佈免除故宋繁冗科差，蠲免公私逋欠，對江南人士亦未予歧視，用人惟賢[5]，利用他們安定新附之區。但是，遠不如忽必烈度量宏遠的其他權貴所秉持的征服者心態、當時迫切的財賦需求以及吏治腐敗的頑疾使忽必烈務求安撫的初衷難以實現。於是，元朝的江南統治政策出現了許多既不同於故宋，亦有別於中原漢地的特徵。由此產生的影響，部分隨著元朝的滅亡而消散，有些則延續數百年。

其一，在依據民族和被征服地區的先後而形成的「四等人制」中，江南百姓位列第四，由此導致終元之世，江南民眾在政治機遇、法律地位和其他權利方面均難與蒙古、色目和漢人比肩，尤其是作為江南社會中堅的知識分子在元代沒有得到有效的籠絡。與宋代相對開放的官僚體制相比，這種變化在相當程度上

5　參閱姚從吾《忽必烈平宋以後的南人問題》，載《姚從吾先生全集（七）·遼金元史論文（下）》，臺灣正中書局 1982 年版，第 1-82 頁。

導致了知識分子對政治的疏離，難以較為廣泛地參與到現實政治來，元代江南的社會支撐力量相應地顯得薄弱，於是，元末社會大變動之際，江南地區儘管出現了一些抗擊義軍的死節之士，但總體而言，起而護衛王朝生存的力量顯得較為渙散、單薄。同時，「驅逐韃虜，恢復中華」這樣的反元民族訴求便有一定的社會基礎。隨著元朝的滅亡，此種訴求變為現實，加之朱元璋大力推行民族同化政策，八十多年生活在「四等人制」下的江南民眾的心理陰影隨之煙散。

其二，政治上位處末列的江南又是元朝轄境內經濟最發達的地區。元軍攻宋，以招撫為主，江南基本未受殘破；入元之初，為實現社會的順利過渡並保證儘快從江南獲取財賦，元朝總體上較為平穩地沿用故宋的夏秋兩稅制，加上一系列恢復社會經濟的措施的推行，江南經濟保持了原有的發展水平和發展趨勢，人口優勢進一步加強，其賦稅支撐了元朝財政的大半壁江山。每當元朝財政陷入窘境、需要增拓財源時，江南總是首當其衝。從世祖時期的理算錢糧、括勘田土，仁宗時期的經理田畝，到元末兵戈紛擾中仍想盡辦法運輸漕糧北上，無不反映出元朝財政對江南的倚重。因此，承南宋而來的江南經濟優勢在元代沒有發生改變。但是，元朝在江南推行的諸色戶計制度加強了對民眾的人身控制，使其由國家的編戶變成子孫世襲的差役戶。這是對此前百姓職業和身分可自由流動趨勢的逆轉。這一變化為明代所繼承，其影響不僅止於經濟、社會層面，還上及政治，成為明代專制的社

會基礎[6]。

　　其三，元朝的「國族」蒙古人在數量上遠少於臣服的漢人和南人，其鎮戍體制也不像唐、宋等漢族王朝那樣，集精兵於政治中心及其周圍，「強幹弱枝」即可保障統治的穩定。相反，統治地域的廣大、民族成分的複雜等客觀因素決定了它不僅要將最精銳和他們認為最可靠的怯薛和侍衛親軍用於護衛宮城、后妃宮帳及兩都（大都和上都）地區，還必須防止諸如草原地帶東西兩面的乃顏、海都之亂、北方山東的李璮之亂以及江南地區此伏彼起的反元鬥爭。於是，元代草原上的心臟地帶由蒙古軍鎮戍，中原由蒙古軍和探馬赤軍戍守，源於中原的漢軍在宋亡之後多南下分駐江南各地，南宋降元的新附軍則經過整編、減員，元中期以後逐漸「化」入其他軍隊之中[7]。這種以蒙古軍防漢人、以漢軍防南人的軍事部署反映了蒙古統治者以北制南以施行民族防範的戰略考慮。而對於鞭長莫及的江南地區，往往在經濟、軍事意義重大的城市才駐有重兵。總體而言，軍力有限而防衛戰線過大決定了軍事部署上的捉襟見肘，這樣，江南鎮戍力量不足，各地的常規治安力量又非常薄弱，不足以維持安定，因此，元代江南民眾的反抗始終存在。元末，隨著反元鬥爭席捲全國，正規軍戰鬥力

6　蕭啟慶：《蒙元統治對中國歷史發展影響的省思》，載蒙藏委員會、臺灣帥范大學歷史系合編《第二屆中國邊疆史學術研討會論文媒》，臺北蒙藏委員會 1996 年版，第 1-16 頁。此文又收於第著《元朝史新論》，臺灣允尼文化實業股份有限公司 1999 年版，第 61-82 頁。

7　史衛民：《元代軍事史》（《中國軍事通史》第十四卷），軍事科學出版社 1998 年版，第 279 頁。

又不強，危難之際，乃不得不依賴鄉兵和募兵支撐局面。元朝在江南統治的穩定期不長，與此有一定關係。

其四，江南又是元朝的文化昌盛之區。一方面，蒙古統治者對各種宗教、文化寬容以待的政策和儒戶、醫戶、陰陽戶、僧道戶等專門戶籍的設立使江南文化總體上未受摧殘，其教育在南宋的基礎上繼續發展，南宋以來地位日漸上升的程朱理學在元中期被定為官學，影響進一步擴大。江南宗教的地位也得到提升。同時，南北一統、中外交流活躍使大批非漢民族和北方漢人進入江南，深受當地文化影響，有些人在元亡以後完全融入江南社會；江南人也得以行走全國，遠涉海外，視野擴大，域外知識增加。另一方面，元代長期未舉行科舉，元仁宗以後雖行科考，但錄取的人數有限，其對官僚系統的影響不大，致使宋代士庶皆知的「朝為田舍郎，暮登天子堂」的讀書──出仕鎖鏈被切斷（或部分切斷），部分儒士或轉而從事其他職業，或「惟不得用於世，則多致力於文字之間，以為不朽」[8]。故，元朝的政策和形勢對文化的影響是複雜的，既有促進的一面，又有抑制之處，而江南文化從總體來看，是延續了兩宋以來的發展趨勢，成為宋、明文化之間的自然過渡，而非逆轉。

因此，擁有富庶經濟和昌盛文化的元代江南在承擔著巨額的財賦上貢任務，保留有文化優勢的同時，不得不面對現實的地位跌落。經歷了南宋滅亡以後二十年左右的適應期，世祖末、成宗

8　余闕：《青陽先生文集》卷四《楊君顯民詩集序》，四部叢刊續編本。

初，「夷夏之防」的觀念在江南人士中逐步淡化，他們認同了元朝的統治[9]，但經濟、文化上的優勢和政治、法律上的劣勢之間的落差是元代江南民眾必須始終面對的問題。

明晰了以上元代的江南統治政策後，再來看位處江南中間地帶的江西地區。

行政建制方面，江西行省是在元朝行省制度逐步定型的過程中建立的。初期，該行省只是中央最高行政機構——中書省的派出機構，它以追擊奔竄中的南宋行朝為首要任務。宋亡以後，隨著行省制度的逐漸定型並成為穩定的地方最高一級地方行政機構，江西行省遂成為元廷控制江南中部的重要機構。由於蒙古的重心在北方草原，其政治和軍事均實行以北制南，體現在行政建制方面，江南三行省均南北狹長，重心偏北，坐北馭南。由此，元代的江西行省既包括南宋的江南西路，又包括南嶺東段以南的廣東地區，境域北起長江，南迄南海。贛東北承宋代舊制，依舊與江浙聯繫密切，且因著江南東部長江以南直至福建均隸屬江浙行省，贛東北在溝通閩、浙中的作用得到進一步加強。元代江西地區的這種行政建制異於兩宋，也有別於明朝。「江西」一詞的行政範圍在元代兼跨嶺北嶺南，這是此前此後均不曾有的。但是，在時人的一般觀念中，「江西」一詞仍指嶺北地區[10]，體現

9　陳得芝：《論宋元之際江南士人的思想和政治動向》，載陳著《蒙元史研究叢稿》，人民出版社 2005 年版，第 571-595 頁。本文初刊於《南京大學學報》（哲社版）1997 年第 2 期。

10　如撫州崇仁人吳澄在《臨江路修學記》（《吳文正公全集》卷二二，

了地域觀念的延續性。元朝滅亡後，明朝將嶺南、嶺北的行政建制重又分開，這種行政建制與山川形勢、地域觀念相背離的情況始得糾正。

經濟方面，江西行省在江南三行省之中，其地位弱於江浙行省，略強於湖廣行省而居於中游。考察這個問題的主要依據是基本統一的江南賦稅指標，即秋糧、夏稅和商稅三項歲入。據《元史・食貨志》，天歷（1328-1330 年）初，全國賦糧 12114708 石，其中江浙行省 4494783 石，占總額的百分之三十七，江西行省 1157448 石，占總額的近百分之十，湖廣行省 843787 石，占總額的百分之七，江西行省明顯弱於江浙行省，略強於湖廣行省；全國夏稅中統鈔總計 149273 餘錠，其中江浙行省 57830 餘錠，江西行省 52895 餘錠，湖廣行省 19378 餘錠，江西行省略少於江浙而遠多於湖廣；全國商稅總收入 76 萬餘錠，其中江浙行省 26 萬餘錠，湖廣行省 68000 餘錠，江西行省 62000 餘錠，江西行省遠少於江浙，略次於湖廣。賦稅上納的多少可以從一個重要角度反映一個地區的經濟地位和發展水平，江浙行省在這方面的明顯優勢使撫州崇仁人吳澄不得不慨嘆：「江浙行省視諸省為尤重，土地廣，人民眾，政務繁而錢谷之數多也，朝廷之注

清乾隆二十一年（1756 年）萬璵刊本）自述：「大貨十年冬，予藍江西、廣東 1 儒學。」「大德十年（1306 年），吳澄時懺江西行省儒學提舉司副提舉。他在文中將「江西行省「分為江西、廣東兩處，「江西」顯然指南嶺以北地區。

倚。」[11]由此反映的經濟情況是，江西行省的農業生產水平遜於江浙，略強於湖廣，商業活動亦弱於江浙而與湖廣大體相當。元代江西的這種經濟地位是兩宋以來的延續，也是元代以後的基本走向。

軍事方面，由於經濟地位遜於江浙行省，體現在軍事部署上，江浙行省境內的長江下游集結了江南大部分的漢軍和新附軍，而基於地域環境的特殊原因，境內多「苗蠻獠峒」而易於生變的湖廣行省也得到相應關注，軍力部署居於江浙之次。相形之下，承平時期的江西地區只派駐治安性部隊，遇有變亂則處之以權宜，有事則調集諸省軍隊前來鎮壓，無事則遣歸原地。鎮戍力量的相對薄弱使江西易成動盪之區。元初江西南部長期難以安靖，順帝時期較早出現騷動，元末大起事爆發後，紅巾軍在江西進展神速，勢如破竹，莫不與此有關。

文教方面，承兩宋之基，江西地區的文教堪與江浙相媲美，而明顯優於湖廣。王明蓀稱：「元代學風之分佈，大體上仍是南盛於北，這是宋代漸已形成的趨勢。南方江西學風很盛，經學仍是源於福建，以吉水、廬陵、安福、德興、鄱陽等最盛。史學上元則不如宋，而地理學頗為發達，江西史學學風是源於安徽和福建。子學則以崇仁、臨川為盛。文學在元代中期較盛，是承宋代學風，仍以廬陵、臨川、安福、吉水為盛。」[12]教育方面，迄於

11　吳澄：《吳文正公全集》卷十四《送宋子章郎中序》。
12　王明蓀：《人傑地靈歷代學風的地理分佈》，載林慶彰主編《中國文化

宋末，江西與江浙一樣，各州縣儒學基本普及，私學發達。這種趨勢在元代未發生逆轉，江西的書院數量還多於江浙。因而，江西的文化和教育承兩宋而來的優勢在元代得以保持，並相沿入明。

由此，在元朝統治的八十多年間，江西作為被蒙古人征服的原南宋一部分，儘管在政治上遭到壓制，軍事上受到忽視，經濟上次於江浙而居於江南中游，但縱觀歷史，政治上的壓制隨著元朝的滅亡而消散，軍事地位的重要與否部分受制於地理因素，真正體現歷史地位變遷的是經濟與文化。從這兩個方面看，蒙元統治下的江西保持了兩宋以來的發展趨勢，沒有倒退或停滯。就全國而言，江西堪稱當時經濟比較發達、文化非常興盛的地區。

新論・學術篇浩翰的學誨》，臺灣聯經出版事業公司 1983 年修訂版，第 411-463 頁。

目錄

總序   002

前言   009

第一章｜元朝在江西的統治

第一節・元軍在江西的征戰與鎮戍   026

一　元軍在江西的推進   026

二　元朝在江西的軍事部署   034

第二節・元朝在江西的行政建制   040

一　江西行省   041

二　江西的路州縣   049

第三節・元朝在江西的統治狀況   055

一　元世祖時期江西的統治狀況   056

二　元世祖時期江西的民眾起事   068

三　元中期江西的統治狀況   072

四　「延祐經理」與蔡五九起事   078

五　宗親勳臣在江西的封戶   086

第二章 | 元代江西的經濟

第一節・人口、土地、賦役與諸色課程　　098

一　人口與戶籍　　099

二　土地占有　　124

三　賦役狀況　　134

四　諸色課程　　155

第二節・農業　　162

一　糧食生產與漕糧轉輸　　163

二　江西等處榷茶都轉司與江西茶業　　174

第三節・手工業　　182

一　製瓷業　　183

二　印刷業　　194

三　紡織業　　202

四　造船業　　209

五　製墨業　　211

第四節・採礦與冶鑄　　214

一　蒙山採銀業　　214

二　金、鐵、銅等的採冶鑄　　226

第五節・交通與商業　　233

一　驛站和急遞鋪　　234

二　商人與商業　　240

第三章│元代江西的蒙古人和色目人

一　蒙古、色目人進入江西的機緣　　259

二　蒙古、色目官員在江西的治績　　267

三　蒙古、色目人與江西文化的交互影響　　273

第四章│元朝在江西統治的終結

第一節‧順帝前期的江西社會　　302

一　順帝前期江西的社會狀況　　302

二　白蓮教及彭瑩玉的活動　　308

第二節‧元朝統治在江西的終結　　322

一　徐壽輝部在江西的活動　　323

二　元朝統治在江西的終結　　342

三　陳友諒與朱元璋之爭　　346

第五章│元代江西的教育與文化

第一節‧教育與科舉　　356

一　官學　　356

二　私學　　369

三　科舉　　374

第二節‧理學、文學與史學　　397

一　理學　　397

二　文學　　419

三　史學　　　　　　　　　　　　　　443

第三節・科技　　　　　　　　　　　458

一　地理學與方志　　　　　　　　　459

二　醫學　　　　　　　　　　　　　479

三　天文、物理等　　　　　　　　　486

第四節・宗教　　　　　　　　　　　491

一　道教　　　　　　　　　　　　　491

二　佛教　　　　　　　　　　　　　531

主要參考文獻　　　　　　　　　　　553

第一章——
元朝在江西的
統治

第一節 ▶ 元軍在江西的征戰與鎮戍

十三世紀初，蒙古部首領鐵木真逐漸統一蒙古高原各部，並日益對金朝形成威脅。此時，金朝內部也日漸趨向動盪不安。得悉金朝處於內外交困之中，自隆興和議（時在隆興元年，1163年）之後與金朝處於勢均力敵的對峙狀態達四十年之久的南宋遂試圖打破僵局，收復河山。從一二〇三年（南宋嘉泰三年）開始，南宋重臣韓侂胄從軍事方面著手進行積極準備，並起用辛棄疾、葉適等主戰人士。一二〇六年（南宋開禧二年）春，鐵木真在斡難河（今鄂嫩河）源稱帝建國。同年夏五月，南宋開始分道攻金，史稱「開禧北伐」。此次北伐以南宋慘敗告終，宋、金於一二〇八年（南宋嘉定元年）訂立和約，仍稱伯姪之國，疆界維持紹興時期的狀態（即東以淮河中流，西以大散關為界）。南宋得以暫安。此時，日益強大的大蒙古國已對西夏、金、宋虎視眈眈，於一二二七年（南宋寶慶三年）滅西夏，一二三四年（南宋端平元年）滅金，並屢次攻掠南宋的四川關外之地。一二五一年（南宋淳祐十一年），蒙哥登上大蒙古國汗位，將征宋正式列入議事日程，制定了先占大理，形成側後包抄之勢，再全取南宋的戰略。一二五五年（南宋寶祐三年），大理國五城、八府、四郡之地相繼被蒙古征服，南宋遂直接處於蒙古軍隊的兵鋒之下，隨時面臨蒙古人的大規模進攻。

一 元軍在江西的推進

一二五五年征服大理後，蒙古完成了對南宋的側後包抄，此時，宋、蒙東部邊界還基本保持在原來的宋金舊界，即淮河一

線。一二五七年，蒙哥派宗王塔察兒統領左翼軍進攻京湖、兩淮，自己於次年統領右翼軍進攻四川。因塔察兒久戰無功，一二五九年春，左翼軍改由忽必烈統領。忽必烈渡淮而南，在陽邏堡（在今湖北省武漢市東北長江北岸）附近強渡長江，進圍鄂州（治今湖北省武漢市）。近兩月不克。同時，協同忽必烈平定大理後的兀良合台率軍從雲南取道廣西、湖南北上，與忽必烈會合。進師途中，八月，蒙古軍進擊臨江軍（治今江西省樟樹市臨江鎮），江西制置使徐敏子屯兵隆興（治今江西省南昌市），不施救援，知軍事陳元桂登城督戰，兵敗遇害。蒙古軍再入瑞州（治今江西省高安市），知州陳世昌逃遁。兀良合台於當年十一月進抵潭州（治今湖南省長沙市），發動攻城之役。潭州城池堅固，蒙古騎兵又不善攻城，兀良合台軍在潭州城下久圍無功。在南宋諸路大軍陸續抵達長江中游，形勢對南宋頗為有利時，統領諸路援鄂大軍的南宋右丞相兼樞密使賈似道卻遣使求和，願割江為界，歲奉銀二十萬兩、絹二十萬匹。面對日益不利的攻宋形勢，加之蒙哥汗在進攻四川合州（治今重慶市合川市）釣魚城時負傷而死，急於北返爭奪汗位的忽必烈順勢許和，於當年歲末撤圍北還。蒙古攻宋戰爭暫告一段落。

蒙哥時期（1251-1259年）的攻宋戰爭中，江西全境除西部的臨江軍、瑞州短暫地遭受蒙古軍隊攻擊外，其餘州郡未被擾動。次年，宋廷蠲免江西被兵州郡的夏秋兩稅，江西承平依舊。

至元五年（1268年），中原漢地的統治秩序漸趨穩定時，忽必烈再次將目光投向富庶的南宋。攻宋戰爭從夾漢水而峙的樊城、襄陽開始。經過六年苦戰，在忽必烈采「元」為國號的第三

年，即至元十年（1273年），樊城被攻破，襄陽守將呂文煥降元，南宋沿邊防線被撕開一個大裂口。次年三月，元廷調兵數十萬，兵分三路，從江漢、淮西、淮東大舉攻宋，荊湖行省左丞相伯顏所率攻略江漢之軍為主力。九月，伯顏領軍自襄陽沿漢水直趨郢州（今湖北省鐘祥市），元朝滅宋戰爭開始。

當年年底，伯顏占領長江中游重鎮漢陽、鄂州後，留阿里海牙領兵四萬規取荊湖，自己親率主力沿江東下。至元十二年（1375年）二月，丁家洲（在今安徽省銅陵市西北長江中）一役，南宋十三萬軍隊潰敗，伯顏很快進占建康（治今江蘇省南京市）、鎮江。同時，阿里海牙在荊湖進展順利，二月，湖南門戶岳州（治今湖南省岳陽市）被攻破，四月，重鎮江陵降。除潭州

· 忽必烈像
圖片來源：〔法〕德阿·托隆著，寶音布格曆譯，《蒙古人遠征記》，上海社會科學院出版社2003年版，第57頁

外，元軍在荊湖幾乎未遇頑強抵抗。五月，伯顏奉詔赴闕議事，滅宋戰爭暫歇。

在至元十一年（1274年）九月至次年五月的攻宋戰爭中，元軍主力由漢水沿江東下，直趨江浙，偏師經略荊湖，以解除東下之軍的後顧之憂。江西不是元軍的攻略重點，只有北部沿江濱湖的部分州縣捲入戰事。至元十二年（1275年）正月十日，元軍進入江西沿江上游的蘄州（治今湖北省黃岡市）。十三日，駐守江州（治今江西省九江市）的南宋權刑部尚書、都督府參贊軍

事呂師夔（呂文煥侄）和知州錢真孫遣使至蘄州迎降，元軍隨即進軍江州[1]。沿途攻下瑞昌後，元軍被迎入兵精城堅的江州城，城中士庶「拜迎馬首」[2]。宋南康軍（治今江西省星子縣）知軍葉閭至江州請降。伯顏以呂師夔知江州，隨即令阿術領水師東下安慶，自己親率水陸主力跟進。阿術進至彭澤時，該縣主簿顏希孔統民兵八百，於江中迎戰，重挫元軍，「力屈被害」[3]。伯顏進至湖口時，令元軍架設浮橋，企圖渡過鄱陽湖口，後因下游安慶、池州歸降而棄之東下。二月丁家洲之戰後，伯顏分兵攻取鄱陽湖東岸重鎮饒州（治今江西省鄱陽縣），知州唐震率民抵抗。二月二十七日，饒州城破，唐震闔門遇難，寓居城中的南宋前丞相江萬里投池死節。數日後，從郢州（治今湖北省鐘祥市）領兵入衛臨安（今浙江省杭州市）的張世傑道經饒州，舉兵收復該城。

在這一階段的戰事中，雖然江西絕大部分州縣仍處於南宋的掌控之中，但江州、南康的投降已使江西門戶洞開。元軍沒有乘勢直驅江西腹地，一方面是因其主要目標在長江下游，而下游的安慶等地亦急於降附[4]，同時，文天祥率所募一二萬勤王之師正駐紮於江西，有效遏制了元軍的繼續深入。

1　脱脱等：《宋史》卷四七《瀛國公紀》，中華書局 1977 年版。
2　劉敏中：《平宋錄》卷上，墨海金壺本。
3　陸心源：《宋史冀》卷三二《顏希孔傳》，續修四庫全書本。
4　按：伯顏尚在江州時，安慶守將範文虎遣使來見，稱不願降附於攻略淮西的南宋降元將領劉整，「願俟丞相」，希望伯顏速至安慶。於是，伯顏率水陸大軍離開江州，沿長江東下。見劉敏中《平宋錄》卷上。

　　針對元軍主力已東下至長江下游，偏師留滯荊湖，戰線過長，兩軍之間缺乏呼應，易受宋軍威脅的不利局面，至元十二年（一二七五年）七月，伯顏在上都（即開平，在今內蒙古正藍旗東五一牧場）向元世祖忽必烈敷陳平宋方略。世祖下詔，令伯顏率諸將直搗臨安，右丞阿里海牙繼續攻略荊湖，而以蒙古萬戶宋都帶、漢軍萬戶武秀、張榮實、李恆、兵部尚書呂師夔建立行都元帥府，規取江西，作為二軍的聲援，使元軍由荊湖至浙西完全連成一片。元軍對長江以南展開全面進攻，江西就此大規模捲入宋元戰爭。

　　至元十二年（一二七五年）七月，南宋都城臨安告急，文天祥率所部勤王義軍離開吉州（治今江西省吉安市），奔赴臨安。九月，宋都帶建行都元帥府於江州，開始大規模攻略江西。他與李恆率軍南驅，攻下建昌縣（今江西省永修縣），擒都統熊飛，十一月中旬進至隆興（治今江西省南昌市）。江西制置使黃萬石怯於應戰，退駐撫州，防守隆興城的宋江西轉運使、知府劉槃在兵敗無援的情況下，開城投降。

　　宋都帶進入隆興城，傳檄江西諸郡，然後遣主力向東南追擊黃萬石。十一月二十五日，李恆、張榮實、呂師夔兵逼撫州，與馳援隆興的撫州都統密祐猝遇於進賢。密祐兵敗被執，不屈而死。黃萬石由撫州繼續退至建昌軍（治今江西省南城縣），撫州通判施至道獻城而降。元軍移師建昌，黃萬石再退入福建，建昌通判程飛卿奉城歸降。

　　占領建昌後，江西行都元帥府兵分兩路，一路由李恆率領，自隆興南進西趨，兵鋒直指臨江、瑞州（治今江西省高安市）、

吉州（治今江西吉安市）諸州軍，一路由呂師夔、武秀率領，專事攻略鄱陽湖東岸。

李恆所部一路勢如破竹。至元十三年（一二七六年）正月，元軍兵迫臨江，臨江知軍事鮑廉及清江令孟濟死於戰事；二月，瑞州安撫姚文龍及元帥張文顯降元。元軍乘勝進擊吉州，吉州知州周天驥獻城歸服。元軍挺進贛州和南安軍（治今江西省大余縣），順利攻取二地。

呂師夔、武秀所部從浮梁開始進攻。至元十三年（一二七六年）正月攻下浮梁後，移師饒州，通判常福以城降。時任信州（治今江西省上饒市）知州的謝枋得舉兵救援，與元軍決戰於團湖坪（在今江西省余干縣西北）。元軍獲勝，謝枋得逃奔信州。元軍隨即東進，攻取安仁（今江西省余江縣）後，與駐守在信州城外的謝枋得交戰，謝枋得兵敗而遁。其後，鄱陽湖東岸諸州縣為元軍所有。

就在江西行都元帥府全力經略江西時，負責攻取湖湘的阿里海牙於至元十三年（一二七六年）正月進駐潭州，開廩賑饑，隨即遣使詔諭諸郡，江西西陲的袁州（治今江西省宜春市）降於阿里海牙。至此，南宋江西十三州軍，除南豐、廣昌以及贛南部分州縣外，悉數收入大元版圖。其時距宋都帶開江西行都元帥府於江州不過大半年的時間，元軍在江西的推進基本未遭遇如李芾堅守潭州那樣的頑強抵抗。

就在這年三月，伯顏進入南宋都城臨安，宋恭帝、全太后和其他皇室成員及官員被驅北上。五月一日，陳宜中、張世傑、陸秀夫擁立益王趙昰即帝位於福州。其後，趙昰君臣奔竄於閩、

粵，暫延趙宋國祚。正是這個在南國顛沛流離的小朝廷，使江西南部的部分州縣捲入了元軍與宋軍的反覆爭奪中。

至元十三年（1276 年）五月下旬，被元軍羈押後伺機逃脫的文天祥輾轉到達福州，投奔趙昰，臨危受命，擔任樞密使、同都督諸路軍馬。南宋行朝制定了立足福建，規取兩浙、贛南的戰略。浙、贛、閩三地聞詔，多有響應，東南地區南宋殘部的抗元鬥爭由是形成兩次聲勢較大的短暫高潮。江西正是兩軍爭奪的重要地區。

七月，文天祥開府於南劍（治今福建省南平市），部署進兵江西。其中，吳浚聚兵廣昌，以收復南豐、宜黃、寧都為目的，意欲打通閩、贛通道。七月上旬，吳浚在南豐被李恆部將擊敗。八月，張世傑派都統張文虎與吳浚合兵十萬，李恆遣將迎戰，敗之於兜嶺。吳浚退奔寧都。文天祥收復建昌、打通閩贛的努力告於失敗。

針對南宋行朝的抗元活動，元廷決意出師剿滅。九月，元軍分別從浙江、江西挺進閩、廣，其中塔出、呂師夔、李恆等南出梅嶺，進兵廣東，又專令也的迷失側出福建，協助出師浙江的元軍。

十月，文天祥引軍西進，駐紮汀州（今福建省長汀縣），遣將攻取寧都、雩都（今江西省於都縣）等地，並積極聯絡贛州、建昌等地的抗元力量，擬向江西挺進。江西中南部諸邑響應，形成第一次抗元高潮，有些地方得以暫脫元軍控制，如吉州永豐人羅開禮克復永豐縣，南城張日中、撫州趙孟率軍出戰屢捷等。

是時，元軍克滅兩浙的殘宋勢力，由浙東直趨閩地。至元十

三年（1276年）歲末，元軍基本控制贛南，次年正月，這支元軍進趨汀州，文天祥退至漳州，殘宋在福建的勢力幾近瓦解。恰在此時，元朝北邊發生宗王叛亂。為集中精力應付西北諸王之亂，元廷撤回征宋部隊，戍守中原。殘宋軍隊絕處逢生，在閩、贛展開了第二次較大規模的抗元攻勢。

至元十四年（1277年）三月，文天祥移師梅州，五月，越南嶺復入江西，連破會昌、雩都、興國。之後，宋軍以興國為據點，兵分三路，發動反攻，張汴、趙時賞、趙孟所率攻略贛州城一軍為主力，其餘兩路進軍永豐、吉水和太和（今泰和縣）。經過殊死戰鬥，贛州十縣復其九，僅餘贛州一座孤城；吉州八縣復其六，僅餘廬陵、安福二城。殘宋在江西中南部的活動得到廣泛響應，撫州、隆興、袁州、瑞州諸郡的抗元勢力都十分活躍，其中吳希奭收復萍鄉。江西中南部多數州縣得以復奉趙宋正朔，元軍對江西的控制難稱穩固。

七月，江西行中書省設立，專事征討文天祥部。行省參知政事李恆一面分兵救援贛州、永豐、太和諸地，一面親領精兵潛至文天祥所在的興國。文天祥撤離興國，李恆率眾追至空坑，宋軍盡潰，文天祥從間道脫險。空坑一役，元軍收降宋軍二十萬，很快恢復了對贛州、吉州諸縣的控制，文天祥則轉戰至嶺南屯戍。此後，雖然文天祥與江西的抗元勢力仍有聯繫，甚至在至元十五年（1278年）十二月兵敗被俘之前，一度試圖第三次進入江西，以求擺脫張弘范和李恆分別從閩、廣兩路同時發動的夾擊。但是，自至元十四年（1277年）文天祥撤離後，江西已牢牢處於元軍的控制之下，元朝在江西八十餘年的統治開始。

二　元朝在江西的軍事部署

元朝的地方鎮戍軍主要有蒙古軍、探馬赤軍、漢軍和新附軍，承擔江南三行省鎮守任務的主要是後二者，以漢軍為主力。漢軍主要來自原金朝統治區，進入江南後，以萬戶府、元帥府的形式駐紮各地，名稱多以軍人戶籍所在地命名，如保定萬戶府、歸德萬戶府等。新附軍是降元的原南宋軍隊，在江南鎮戍系統中的地位不太重要，後經過不斷改編、戰爭消耗和自然減員，到元後期，新附軍幾近消亡。

江西地區的漢軍主要是在征服戰爭及隨後鎮壓反元鬥爭的過程中逐漸集結形成的。至元十四年（1277 年）江西行省初設時，官員主要是負責征討江西的軍將，後來，他們所率部隊中有一部分成為江西的駐軍。江西行省最初的九名主要官員中，塔出的軍隊次年仍在江西承擔戰守之責，張榮實所領保定水軍萬戶在至元二十二年（1285 年）鎮守南康路，李恆所率軍隊為益都淄萊新軍萬戶，長期留駐撫州、吉安等地[5]。這批萬戶是江西境內較穩定的鎮戍軍。此外，因鎮壓反抗的需要，元廷陸續調集萬戶進入江西，如至元十四年（1277 年）邸浹所率歸德萬戶移至江西后，長期駐守在龍興、吉安、贛州等地，後移駐惠州[6]；至元二十三年（1286 年），棗陽萬戶調鎮饒州，元貞元年（1295 年），原駐惠州的棗陽萬戶又移駐袁州，等等。

5　李治安：《行省制度研究》，南開大學出版社 2000 年版，第 288 頁。

6　《元史》卷一五一《邸順傳》。

江西地區的新附軍一部分分散於各漢軍萬戶府中，如撫州萬戶府中有部分新附軍；一部分組建成專門的寨兵（寨軍）萬戶府，如至元二十九年（1292年）南豐的寨軍萬戶府「連營相望，氣勢重大」[7]，大德二年（1298年）組建的贛州路南安寨兵萬戶府是由寨兵、南宋舊役弓手及抄數漏籍人戶構成，職責是鎮戍兼屯種[8]。

留駐江西的軍隊分守各地。估計江西地區最初設立的專職管軍機構是元帥招討司。元朝滅宋後，至元十九年（1282年）才開始在江南地區系統周密地佈置軍隊。這年二月，元廷命唐兀帶考察沿江州郡適宜駐軍之處，並令鄂州、揚州、隆興、泉州四行省商議戍守之事。江西地區的鎮戍部隊自此開始系統建立。至元二十一年（1284年）三月，置贛州、吉州、撫州、建昌四地戍兵，其中撫州萬戶府由漢軍與新附軍共同組成，共 8 翼[9]。二十二年（1285年）二月，元帥詔討司所屬軍隊改編為上、中、下三等萬戶府，具體情況不明，只知李恆所領益都新軍萬戶改為下萬戶，棗陽中萬戶在改編後的次年移鎮饒州，成為江淮、江西三十七翼萬戶中的兩翼，而跨越嶺南嶺北的江西行省一度擁有二二六所駐軍。大德三年（1298年），元廷令各省合併駐軍，江西行

7　劉壎：《水云村泯稿》卷五《南豐郡志序目》，清道光愛余堂刊本。

8　《元史》卷一百《兵志三》。

9　虞集：《道園類稿》卷二六《撫州萬戶府重修公宇記》。虞集記撫州萬戶府設立的時間是至元二十二年（1285年）。可能是下令時間在二十一年，建成時間在次年。

省的二二六所駐軍被裁撤一六二所，僅存六十四所。至於這六十四所駐軍中究竟有多少分佈於今江西境內，已不得而知。元末明初人葉子奇說元代各路立萬戶府，各縣立千戶。史料反映，元代江西地區確實置有江州、隆興（龍興）、撫州、瑞州、南安、吉安、臨江、袁州、建昌等萬戶府，某些軍事要衝甚至駐有兩個萬戶府。如至元三十一年（1294 年）裁撤江淮行樞密院時，其管下的處州（治今浙江省麗水市）萬戶府留鎮撫州，與原撫州萬戶府共同鎮守該地[10]。江西州縣也確實駐有千戶所，其下設百戶所，分守各州縣的軍事要地，如南豐州長期駐紮著隸屬建昌萬戶府的千戶所，樂安曾田人夏雄則擔任當地百戶所的百夫長。

元朝行省兼管軍事，各萬戶聽從行省調遣，但在發生重大軍情、一省之力不足以鎮遏時，元廷就權宜設立行樞密院（簡稱行院），作為中央軍事管理機關——樞密院的派出機構，以便集合數省軍力，就便處理軍務。世祖至元時期，江西設置行院的時間長達十年，元末的動盪中也曾設置。行院存設時，「行省見管軍馬悉以付焉」[11]，其分割了行省的軍事鎮壓職能。

至元二十一年（1284 年）正月，因福建地區動盪不安，元廷令設江西行院，治撫州[12]。至元二十四年（1287 年）十月，福

---

10 虞集：《道園類稿》卷二六《處州萬戶府重建公宇記》。
11 《元史》卷九八《兵志一》。
12 按：至元二十一年設江西行樞密院事見於《元史》卷十三《世祖紀十》，同時設立的還有江淮、荊湖、四川三處行樞密院。據同書卷八十六《百官志二》，「（至元）二十一年，立沿江行（樞密）院。二十二年，立江西行院，馬軍戍江州，步軍戍撫州」。兩處記載有矛

建鐘明亮起事，聲勢浩大，行院副使月的迷失請求增調江南諸省一萬兵力進行征討，最後由江西行省給付五千軍士。次年七月，月的迷失又請求調集江西、江淮、福建三省一萬兵力進行支援。至元二十七年（1290 年）五月，鐘明亮降而復起，元廷以行院剿「賊」不力，詔罷之，將江西行省移治吉州，以就近「捕盜」[13]。六月，再給江西行省軍印，以便其糾合諸省軍力。這說明，元廷是以江西行省取代原行院的職能。當年歲末，這次波及數省、延續數年的大規模民眾起事終於趨向平息。為加強控制，至元二十八年（1291 年）二月，元廷下令在江淮、湖廣、江西、四川四處普遍設立行院，其中江西行院治汀州（今福建長汀）[14]，正位於至元中後期最為動盪的閩西。後因行樞密院位置偏東，不利於兼控廣東，七月，其治所遷至贛、閩、粵交界地帶的贛州。世祖末年，社會漸趨安定，行院存在的必要性淡化，江南三行省屢請廢罷行院。至元三十一年（1294 年）十一月，江西行院裁撤，軍務復由行省兼管。這一時期，江西行院的存在對穩定江西及周邊地區起到了重要作用。元末順帝至元年間（1335-1340 年），各地的武裝反抗風聲漸起，江西及周邊地區又開始騷動不安，元廷於後至元三年（1337 年）九月設湖廣江西行院，以事鎮遏，次年二月裁罷[15]。至正二十六年（1366 年），

盾。這兩年間，江西行樞密院的設置可能有變化，但詳情不明。

13　《元史》卷十六《世祖紀十三》。

14　《元史》卷十六《世祖紀十三》。當時福建地區併入江西行省。

15　黃師泰：《玩齋集》卷九《建安忠義之碑》，景印文淵閣四庫全書本；

元朝在江西地區的統治業已崩潰，福建則由陳友定控制，奉元正朔。八月，元廷設福建江西等處行樞密院[16]，試圖由陳氏以福建為基地復取江西。估計該行院一直存設至洪武元年（1368 年）陳氏被朱元璋攻滅。

長江以南的江西、江浙、湖廣、福建、廣東諸地，江浙為財賦重地所在，反映在軍事部署上，長江下游便相應集結了大部分的漢軍和新附軍，其次是境內多「苗蠻獠峒」的湖廣，元廷對江西、福建、廣東一帶的防守採取權宜之計[17]。大德三年（1298 年）調整各省戍軍，江浙地區有二二七所，福建地區只有五十三所，跨越嶺南嶺北的江西行省也只有六十四所。如此佈兵的後果是，江西行省時常成為元廷控制力不從心的地區。一旦地方穩定陷入危機，元廷就緊急調兵，以彌補鎮遏力量的不足。如至元十五年（1278 年）三月，元廷以江西行省初立，轄地廣遠，又多山溪之險，卻「軍為最少」[18]，令鐵木兒不花領軍一萬赴江西，與行省右丞塔出所部共備戰守。至元二十二年（1285 年）九月，江淮行樞密院所轄蒙古兵移戍江西。至元二十五年（1288 年），因閩西鍾明亮起事，江西行省平章忽都鐵木兒和江西行院副使月的迷失均以地廣兵寡為由，請求增兵。四月，元廷調江淮行省一

《元史》卷九二《百官志八》。

16　《元史》卷九二《百官志八》。

17　蕭啟慶：《元代的鎮戍制度》，見蕭著《元代史新探》，台灣新文豐出版公司 1983 年版，第 121 頁。

18　《元史》卷九九《兵志二》。

個下萬戶整翼移鎮江西，次年正月，再集江淮、福建兵力至江西。至元二十六年（1289 年）五月，鐘明亮假降，元廷以為危險解除，令江淮、福建、江西三省軍隊各還本翼。江西軍力復顯薄弱，鐘明亮乘時復起，元廷不得已於至元二十七年（1290 年）六月再調各行省軍隊到江西，以備鎮戍。這次集結兵力，仍要求「俟盜賊平息，而後縱還」**19**。由此可見，元廷對江西的軍事防禦不夠重視，權宜色彩很重。不僅如此，元廷還多次從江西調兵外出，如至元二十年（1283 年）正月調江西駐軍護送遠征占城的糧船，至元二十三年（1286 年）又調江西戍軍從征交趾。元後期，這種情況仍在延續。元順帝至正六年（1346 年），福建汀州連城縣羅天麟、陳積萬反元，攻陷長汀縣，江西協同江浙出兵，將其鎮壓下去。次年，湖廣行省徭民吳天保攻陷靖州，江西又協同湖廣進行征討。

　　鎮戍力量比較薄弱，使江西容易成為動盪之區。世祖至元時期，江西、福建、廣東交界地區民眾起事頻發，與此不無關係（此待後文詳述）。即使是在相對安定的元中期，江西也是小警不斷，大警不乏。如贛南的信豐、會昌、龍南、安遠一帶山深林密，「賊人出沒」，巡檢、弓手等常規治安力量根本無力控遏，但元廷未曾考慮在當地增戍重兵，只是於大德二年（1298 年）「發寨兵及宋舊役弓手，與抄數漏籍人戶，立屯耕守，以鎮遏

之」[20]，即設立軍屯，且耕且守。結果當地一直難以安靖。再如仁宗延祐年間（1314-1320 年）贛州路寧都州蔡五九率眾起事，一度圍攻州城，並轉戰福建，攻下汀州寧化縣，發展成元中期江南地區規模最大的民眾起事。這與江西守軍不足有很大關係。至於元末江西地區較早出現騷動，元末大起事爆發後，紅巾軍在江西進展神速，勢如破竹，均與此有關。可以說，元代江西地區鎮戍力量薄弱是導致江西成為南方相對動盪地區的重要原因之一。

第二節 ▶ 元朝在江西的行政建制

作為一個由北方游牧民族建立起來的大一統王朝，元朝的統治制度既繼承和發展了中原王朝的漢制，又保留有若干蒙古舊制，呈現出與以往漢族王朝不同的特徵。其中，行中書省（簡稱「行省」）制度是其在行政區劃和政治制度方面的重大變革，對後世產生了深遠影響。元世祖忽必烈的前中期，行省制度尚未定型，行省先後以臨時處理軍政事務和半固定化兩種形式出現，世祖末成宗初才最終演化為地方最高官府[21]。行省之下，通常分為路、府、州、縣四等。路一般領有州、縣。府或隸於路，或直隸於行省，下領州、縣，或只領縣。州亦或隸於路，或隸於行省，

---

20 《元史》卷一百《兵志三》。
21 李治安：《行省制度研究》，第 3-17 頁。該書有專章論述江西行省，為本書提供了重要參考。

有些領縣，有些則沒有屬縣。路、州、縣據人口的多寡、地土的廣狹，分為上、中、下三等。總體而言，元代的地方行政管理體系「顯得凌亂複雜，缺乏秦漢隋唐統一王朝整齊劃一的二級制或三級制」，「具有其過渡性和不成熟性」[22]。具體到江西地區，當時境內設有行省、路、州、縣，沒有府一級地方行政區；有些是行省、直隸州兩級管理，有些為行省、路、州或縣三級管理，有些則是行省、路、州、縣四級管理。

一　江西行省

元朝全境共劃分為十二個一級行政區，除吐蕃之地和中書省直轄的腹裡[23]外，其餘十個為行省，江西行省是其中之一。江西行省是「江西等處行中書省」的簡稱[24]，還可進一步簡稱為「江西省」。其設立和變遷與元初的形勢緊密聯繫在一起。

至元十年（1273 年）九月，元廷設立荊湖行省和淮西行樞

22　張金銑：《元代地方行政制度研究·前言》，安徽大學出版社 2001 年版，第 2 頁。

23　腹裡：據《元史》卷五八《地理志一》，「中書省統山東西、河北之地，謂之腹裡，為路二十九，州八，屬府三，屬州九十一，屬縣三百四十六」。腹裡包括今河北、山東、山西三省及內蒙古部分、河南一部分地區，元季由中書省直轄。

24　按：元朝滅南宋後，因理財需要，至元二十四年（1287 年）二月到至元二十八年（1291 年）五月、至大二年八月（1309 年）到至大四年（1311 年）正月間，兩度設尚書省，並將六部及天下行省從中書省劃歸尚書省管轄。在此期間，行省為「行尚書省」之簡稱，江西行省即「江西等處行尚書省」的簡稱。

密院，負責攻略南宋。次年九月，元軍自襄陽沿漢水趨郢（今湖北省鐘祥市），開始大舉滅宋。一年後，主力攻至建康（今江蘇省南京市）、鎮江，偏師在兩湖地區也進展順利，但兩軍之間缺乏呼應，於是，至元十二年（1275 年）九月，蒙古軍萬戶宋都帶率漢軍萬戶武秀、張榮實、李恆、呂師夔等建行都元帥府於江州，經略江西，聲援兩軍。這是元朝在江西地區設立的第一個統治機構。十一月，元軍占領隆興府（今江西省南昌市），行都元帥府隨即遷往隆興，並設立安撫司，管領南昌、進賢、豐城等八縣，還設立錄事司，管理隆興在城事務。同年，江州設江東西宣撫司，主要管領沿江被占領區，次年改為江西大都督府，但隸屬長江下游的揚州行省。

至元十三年（1276 年）二月，元軍進入南宋都城臨安（今浙江省杭州市）。為迅速而有效地控制新占領區，當年六月，元廷下令：「設諸路宣慰司，以行省官為之，並帶相銜；其立行省者，不立宣慰司。」[25]在隨後的一年多時間內，新占領區先後設置了十二道宣慰司，其中，江西道宣慰司與浙西道、浙東道、江東道、湖北道同時設置於該年十二月[26]。這是一個軍政合一、軍官兼管民政、具有濃重軍事色彩的統治機構。江西都元帥塔出改

25　元史》卷九《世祖紀六》。

26　《元史》卷九《世祖紀六》。《元史》卷六二《地理志五》載至元十四年（1277 年）改元帥府為江西道宣慰司，似與《世祖紀》所載相左。實際上，《世祖紀六》載，至元十三年（1276 年）十二月任命浙西、江西等五道宣慰使，他們到任並改革機構當在次年，故並不矛盾。

任江西道宣慰使。

至元十四年（1277 年）三月，文天祥移師梅州。此後的幾個月間，江西掀起了反元高潮，中南部的許多州縣復奉趙宋正朔。為穩固地統治江西，有效打擊南宋行朝及其領導的抗元力量，元廷於七月設江西等處行中書省於隆興，其官員以攻略江西的軍將為主體而被賦予更多權限。如原江西都元帥、江西宣慰使塔出任行省右丞，隨宋都帶降隆興、平撫州的張榮實任行省參知政事，原江西行都元帥府左副都元帥李恆亦任行省參政。這些人都具有中書省派出官員的身分，制定某些重大決策可不必上稟中央。可以說，江西行省的設立是元廷意欲加強對江西被占領地區的控制、進而幫助元軍向廣東、福建推進的結果。

最初設立的江西行省是作為中書省的派出機構而存在，具有臨時就便處理軍政事務的色彩。此後的十幾年間，江西行省經歷了多次變遷。

至元十五年（1278 年）六月，元廷裁汰江南冗官。江南原設淮東、湖南、隆興（即江西行省）、福建四處行省，結果將江西行省併入福建行省，治福州，江西地區改設宣慰司。但此時南宋行朝已游移至廣東南部，無論是行省治所福州，還是宣慰司治所隆興，均有鞭長莫及之處。七月，元廷復改江西宣慰司為行中書省，遷治贛州，以江西、福建、廣東三地隸之，以便就近追擊南宋行朝。行省官員仍多為征伐江西的軍將，塔出任右丞，呂師夔任左丞，賈居貞任參知政事，李恆以參政之職兼任都元帥，率蒙古、漢軍出師廣東，塔出留鎮贛州，以供軍需。

至元十六年（1279 年）二月，從浙江南下的張弘范軍與從

江西南趨的李恆軍會合，向停駐在崖山的南宋行朝發起總攻。宋軍潰敗，陸秀夫負幼帝趙昺自沉，南宋徹底覆滅。廣東局勢趨於平靜，江西行省遷回隆興。

此後，一度成為南宋行朝基地的福建地區一直不平靜，或大或小的抗元鬥爭時有發生。為加強震懾，至元十七年（1280 年）正月，元廷復置行中書省於福州。此時，江西、福建地區設有福州、泉州和隆興三處行省。四月，元廷以「隆興、泉州、福州置三省不便，命廷臣集議以聞」[27]。廷臣商議的結果是將福建行省併入泉州行省，隆興行省（即江西行省）繼續保留。七月，再將泉州行省併入隆興。江西行省所轄遂又包括贛、閩、粵三地。但是，福建地區依舊很不平靜。五月，汀州、漳州的廖得勝反元剛被平息，七月又出現了陳吊眼領導的抗元鬥爭。陳吊眼於該年八月攻入漳州城，隊伍很快發展到十萬人。邵武、福州、南劍州紛起響應。元廷被迫再設福建行省於泉州。不久，又進一步將江西行省併入其中，以便集中兩地軍力就近鎮壓。此時，江西地區只設宣慰司處理軍政事務。

至元十九年（1282 年）四月，陳吊眼被平，罷江西宣慰司，復設江西行省於隆興。此後，江西行省的設置趨於穩定，即使福建地區後來發生如鍾明亮那樣規模浩大的反元起事，也只是就近設置行樞密院處理軍務，而未撤銷江西行省。之後，江西行省所發生的主要變化是與福建地區的分分合合以及行省治所的遷移。

27　《元史》卷十一《世祖紀八》。

至元十九年（1282 年）五月，因減汰江南冗官，再次將福建行省併入江西**28**。至元二十二年（1285 年）正月，經盧世榮請求，福建行省又併入江西**29**，次年改隸江浙。至元二十八年（1291 年）二月，改福建行省為宣慰司，復隸江西行省**30**，次年，福建行省復又設立**31**。此後，福建地區再未併入江西，並於大德三年（1299 年）二月正式改屬江浙，而江西行省的轄區在至元二十九年（1292 年）以後也基本穩定。

江西行省的治所一度遷移發生在至元二十七年（1290 年）。當時，汀州（今福建長汀）人鍾明亮領導的反元鬥爭波及閩、贛、粵三地，五月，鍾明亮進攻贛州，元廷罷江西行樞密院，移江西行省於吉州，以便就近進攻**32**。歲末，這次反元鬥爭趨向平息，可能在此前後，江西行省治所即遷回龍興。

除廢置不常和遷徙不定外，至元時期江西行省的轄區也變動不居。與福建地區的分分合合已見於前述，此外，還有其他變化。例如，元初沿江重鎮江州（治今江西省九江市）先後隸屬江浙、江西和荊湖，至元二十二年（1285 年）以後才穩定地歸屬

28　《元史》卷十二《世祖紀九》。關於這次合併，究竟是福建行省併入江西，還是江西行省併入福建，未見史料明確記載。據同書同卷，至元十九年（1282 年）九月「福建宣慰司獲倭國諜者」之語，很有可能是福建行省併入江西，而在福建設立宣慰司。

29　至元十九年到二十二年之間，福建行省何時分立，情況不詳。

30　《元史》卷十六《世祖紀十三》。其間福建省何時從江浙分立出來，情況不詳。

31　《元史》卷一六二《高興傳》。

32　《元史》卷十六《世祖紀十三》。

江西行省。江州南部的小郡南康路（治今江西省星子縣）原隸江淮行省，至元二十三年（1286 年）十月後正式隸屬江西。袁州路（治今江西省宜春市）因最初由經略荊湖的阿里海牙攻占，故初隸湖南行省，至元十九年（1282 年）十一月劃歸江西行省。饒州路（治今江西省鄱陽縣）和興國路（治今湖北省陽新縣）一度在江西行省轄區之外，均於至元十九年（1282 年）十一月改隸江西行省，後又從江西行省份割出去，前者隸江浙行省，後者屬湖廣行省。南部廣東地區的肇慶、德慶、封州、連州等則在至元後期由湖廣行省改隸江西行省。

從至元十四年（1277 年）初置到至元二十九年（1292 年）基本穩定，江西行省在十餘年間幾經變化，無論是設立與廢除，還是官員設置、轄區、治所，都具有兩個突出特點，即軍事色彩濃重、建置很不穩定。這既與元代行省制度尚未完全定型有關，更是當時政治軍事形勢變化的結果。

至元末期江西行省轄區穩定後，共轄十八路、九州、十三個路屬州和七十八縣，轄境跨越南嶺南北，包括今江西大部和廣東大部。從轄區看，行省南北狹長，南北兩地間隔有天然屏障——南嶺，兩地的山脈水系自成系統，風物人情亦有很大差異，治所設於龍興，明顯偏北，不符合行政區劃設置的一般原則。雖然元廷為了解決由此出現的弊端，在廣東地區設立宣慰使司都元帥府，一般軍政事務由宣慰司處理，不必上稟行省[33]，但在實際的

33　按：兩地在元代的劃分情況如下：江西行省直轄龍興路、吉安路、瑞

軍政實踐中，還是產生了諸多問題。這是由元朝的既定統治政策決定的。在元廷看來，江南地區總體上是元朝的重要財賦供應地和一個大軍區，至關重要的是經濟上的南財北運和軍事上的以北制南，故江南三大行省（江西行省、江浙行省和湖廣行省）均具有轄區狹長、重心在北、以北制南的特點[34]，江西行省自然不能例外。

元末，隨著徐壽輝天完政權和陳友諒漢政權不斷在江西攻城略地，元廷在江西的控制區不斷萎縮，行省治所隨之變化。先分省於吉安，再移至贛州；元朝統治在江西瓦解後，再分省於廣州，勉強維持其在原江西行省南部的統治[35]（詳見本書第四章第二節「元朝統治在江西的終結」）。至正二十六年（1366 年）八月，元廷再置福建江西等處行中書省[36]，企圖以福建為基地復取江西。洪武元年（1368 年），朱元璋部擒獲占據福建的陳友定，該行省遂廢。

州路、袁州路、臨江路、撫州路、江州路、南康路、贛州路、建昌路、南安路、南豐州，共計十一路、一州，由江西湖東道肅政廉訪司監管。廣東道宣慰使司都元帥府管轄：廣州路、韶州路、惠州路、南雄路、潮州路、德慶路、肇慶路、英德州、梅州、南恩州、封州、新州、桂陽州、連州、循州，共計七路、八州，由海北廣東道肅政廉訪司監管。

34 李治安：《行省制度研究》，南開大學出版社 2000 年版，第 305 頁。
35 《元史》卷四六《順帝紀九》，卷一九五《忠義傳三・朵裡不花傳》。
36 《元史》卷九二《百官志八》。

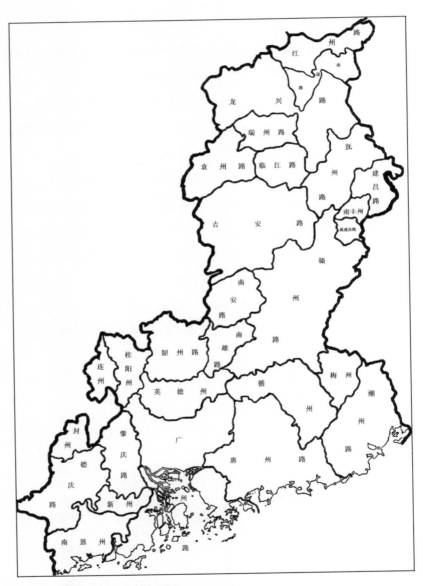

・至順元年（1330年）江西行省

圖片來源：據譚其驤主編《中國歷史地圖集》第七冊「元明時期・江西行省」，地圖出版社1982年版，第30-31頁。

二 江西的路州縣

元中後期，江西地區分屬 13 路、2 個直隸州和 1 個路屬州，其中 13 路共轄 12 錄事司、48 縣、16 州，16 州中的 2 州又轄 3 縣。具體情況如下：

1. 龍興路（治今南昌市），上路[37]。南宋為隆興府，至元十四年（1277 年）改為路總管府。至元二十一年（1284 年），因隸皇太子真金位下，改名「龍興」。領司 1、縣 6、州 2。

龍興錄事司，至元十三年（1276 年）以南宋的城內六廂設立，為路治所在。

南昌縣，上縣[38]，為倚郭縣[39]，至元二十年（1283 年）割錄事司所領城外二廂和東南兩關來屬。新建縣，上縣，亦是倚郭縣。進賢縣、奉新縣、靖安縣、武寧縣，俱是中縣。

富州（今豐城市），上州[40]，因至元十九年（1282 年）開始隸皇太子位下，二十三年（1286 年）升為富州。寧州，中州，

37　按：元制，10 萬戶以上者為上路，10 萬戶以下者為下路。至元二十年（1283 年）又規定，江陵路、龍興路等 12 路，因地處衝要，雖不及 10 萬戶，亦為上路。此是針對北方人口較少和元朝初下江南，未行戶口統計而言。江南統治穩定後，估計重新調整了江西諸路的等級劃分，具體情況不明。

38　按：至元二十年（1283 年）規定，江南 3 萬戶以上者為上縣，1 萬戶以上者為中縣，1 萬戶以下者為下縣。等第不同，官員設置亦不同。

39　倚郭縣：亦作倚廓縣，宋元時期州治、路治所在之縣。

40　按：元貞元年（1295 年）規定，江南 10 萬戶以上者為上州，5 萬至 10 萬者為中州，4 萬 5 千以下者為下州。倚郭縣，雖戶口極多，亦不升州。等第不同，官員設置亦不同。

至元二十三年（1286 年）正月，於武寧縣置寧州，領武寧、分寧（今修水縣）二縣，大德八年（1304 年），武寧直隸龍興路，寧州遂徙於分寧。

2. 吉安路（治今吉安市），上路。至元十四年（1277 年）升吉州為吉州路總管府，元貞元年（1295 年）改為吉安路。領司 1、縣 5、州 4。

吉安錄事司，為路治所在。

廬陵縣（今吉安縣），上縣，為倚郭縣。永豐縣，上縣。萬安縣，中縣。龍泉縣（今遂川縣），中縣。永寧縣（今井岡山市西北），下縣，為元代新置縣，至順年間（1330-1333 年），永新州地方官因該州勝業鄉「去州城道險而遙，民疲征役，乞別置縣」**41**，元廷即置勝業鄉，取「長寧」之意而置該縣。

吉水州、安福州、太和州（今泰和縣）、永新州，前二者是中州，後二者為下州，俱於元貞元年（1295 年）由縣升州。

3. 瑞州路（治今高安市），上路。至元十四年（1277 年）升瑞州為路總管府。領司 1、縣 2、州 1。

瑞州錄事司，至元十四年（1277 年）設立，為路治所在。

高安縣，上縣，為倚郭縣。上高縣，中縣。

新昌州（今宜豐縣），下州，元貞元年（1295 年）升縣為州。

4. 袁州路（治今宜春市），上路。至元十三年（1276 年），

41　雍正《江西通志》卷二《沿革一》，景印文淵閣四庫全書本。

元廷置安撫司於此，次年改為總管府，隸湖南行省。十九年（1282 年）升路，十一月改隸江西行省。領司 1、縣 3、州 1。

袁州錄事司，至元十三年（1276 年）因置安撫司於袁州，曾於此設兵馬司，次年，安撫司改為路總管府，兵馬司相應改為錄事司，為路治所在。

宜春縣，上縣，為倚郭縣。分宜縣，上縣。萬載縣，中縣。

萍鄉州，中州，元貞元年（1295 年）升縣為州。

5. 臨江路（治今樟樹市臨江鎮），上路，至元十四年（1277 年）升臨江軍為路總管府。領司 1、縣 1、州 2。

臨江錄事司，至元十三年（1276 年）因直隸江西行都元帥府，曾於此設兵馬司，十五年（1278 年）改為錄事司，為路治所在。

清江縣（今樟樹市），上縣，為倚郭縣。

新淦州（今新干縣）、新喻州（今新余市），俱是中州，均於元貞元年（1295 年）由縣升州。

6. 撫州路（治今撫州市），上路。至元十四年（1277 年）升撫州為路總管府。領司 1、縣 5。

撫州錄事司，至元十四年（1277 年）廢南宋舊城三廂設立，為路治所在。

臨川縣、崇仁縣、金溪縣、宜黃縣、樂安縣，前三者為上縣，後二者是中縣。

7. 江州路（治今九江市），下路。至元十二年（1275 年）設江東西宣撫司於此，次年改為江西大都督府，隸揚州行省。十四年（1277 年）罷都督府，設江州路，由隆興行都元帥府直轄。

當年置江西行省後，直隸江西行省。十六年（1279 年）改隸黃蘄等路宣慰司，二十二年（1285 年）復隸江西行省，直至元末。領司 1、縣 5。

江州錄事司，至元十二年（1275 年）因置宣撫司於此，曾設兵馬司，十四年（1277 年）改為錄事司，為路治所在。

德化縣（今九江縣）、瑞昌縣、彭澤縣、湖口縣、德安縣，俱是中縣。

8. 南康路（治今星子縣），下路。至元十四年（1277 年）升南康軍為南康路，隸江淮行省，二十三年（1286 年）十月正式割屬江西行省[42]。領司 1、縣 2、州 1。

南康錄事司，非路治所在。

星子縣，下縣，為路治所在地。都昌縣，上縣。

建昌州（今永修縣），下州，元貞元年（1295 年）升縣為州。

9. 贛州路（治今贛州市），上路。至元十四年（1277 年）升贛州為路總管府。領司 1、縣 5、州 2，州又領縣 3。

贛州錄事司，至元十五年（1278 年）設立，非路治所在。

贛縣，上縣，為路治所在地。興國縣，中縣。信豐縣、雩都縣（今於都縣）、石城縣，均為下縣。

42　按：《元史》卷十四《世祖紀十一》載至元二十三年（1286 年）十月「以南康路隸江西行省」，同書卷六三《地理志五》則載南康路於至元二十二年（1285 年）割屬江西。兩處記載有矛盾，可能是至元二十二年將南康路割隸江西后，一度劃分出去，次年重又隸歸江西。

寧都州，下州，大德元年（1297 年）二月由縣升州[43]。領縣2：龍南縣，下縣，至元二十四年（1287 年）一度併入信豐縣，至大三年（1310 年）復置；安遠縣，下縣，至元二十四年（1287年）一度併入會昌縣，至大三年（1310 年）復置。

會昌州，下州，大德元年（1297 年）二月由縣升州[44]。領瑞金縣。瑞金縣，下縣，大德元年（1297 年）始隸會昌州。

10. 建昌路（治今南城縣），下路。至元十四年（1277 年）改建昌軍為路總管府。領司 1、縣 3。

建昌錄事司，至元十四年（1277 年）設立，為路治所在。

南城縣，上縣。新城縣（今黎川縣）、廣昌縣，俱是中縣。

11. 南安路（治今大余縣），下路。至元十四年（1277 年）改南安軍為路總管府。次年，割大庾縣（今大余縣）在城四坊設錄事司，十六年（1279 年）廢錄事司。領縣 3。

大庾，中縣，為倚郭縣，路治所在。南康縣，中縣。上猶縣，中縣，至元十六年（1279 年）改稱永清縣，次年復稱上猶。

12. 饒州路（治今鄱陽縣），上路。至元十四年（1277 年）

---

43 按：《元史》卷十八《成宗紀一》載元貞元年（1295 年）十一月升贛州路寧都縣為州，以石城縣隸寧都州，同書卷十九《成宗紀二》又載大德元年（1297 年）二月升寧都為州，隸贛州路。《元史‧地理志五》同後者。本書采後一說。

44 按：《元史》卷十八《成宗紀一》載元貞元年（1295 年）十一月升贛州路會昌縣為州，以瑞金縣隸會昌州，同書卷十九《成宗紀二》又載大德元年（1297 年）二月升會昌為州，隸贛州路。《元史‧地理志五》同後者。本書采後一說。

升饒州為路總管府。至元十九年（1282 年）十一月一度改隸江西行省，後劃歸江浙行省。領司 1、縣 3、州 3。

饒州錄事司，至元十四年（1277 年）以南宋的城內三廂設立，為路治所在。

鄱陽縣，上縣，為倚郭縣。德興縣，上縣。安仁縣（今余江縣），中縣。

餘干州（今餘干縣）、浮梁州、樂平州，均為中州，同在元貞元年（1295 年）升縣為州。

13. 信州路（治今上饒市），上路。至元十四年（1277 年）升信州為路總管府。隸江浙行省。領司 1、縣 5。

信州錄事司，為路治所在。

上饒縣，上縣，為倚郭縣。玉山縣、弋陽縣、貴溪縣、永豐縣（今廣豐縣），均是中縣。

2 個直隸州即鉛山州和南豐州。

鉛山州，中州。宋代屬信州，至元二十九年（1292 年），以鉛山為別裡古台大王封地，將上饒縣乾元、永樂二鄉和弋陽縣新政、善政二鄉劃歸鉛山，直隸江浙行省。

南豐州，下州。原隸建昌路，至元十九年（1282 年），因南豐為答裡真大王封地，升格為州，直隸江西行省。

1 個路屬州即婺源州，屬江浙行省徽州路管轄，下州，元貞元年（1295 年）由縣升州。

元代江西地區的 13 路、2 個直隸州和 1 個路屬州分屬江西行省和江浙行省，其中龍興路、吉安路、瑞州路、袁州路、臨江路、撫州路、江州路、南康路、贛州路、建昌路、南安路和南豐

州屬江西行省，饒州路、信州路、鉛山州和婺源州屬江浙行省。

　　元代縣級以下的基層，鄉村置鄉、都兩級，分設里正、主首，主要職責是催徵賦役，禁止違法。城市置隅、坊兩級，分設隅正、坊正，主要職責與里正、主首類似。里正、主首、隅正、坊正都不是官吏，只是協助官府履行經濟、治安等職能，屬職役。鄉村中還普遍設有旨在勸農的村社組織——社，原則上每五十戶立一社，置社長。元中期，江西行省每鄉設里正一名，上等都設主首四名，中等設三名，下等設二名。龍興路富州的里正多由富民擔任，主首多是貧寠之民，饒州路安仁縣的第八都則是當地最貧窮的都。這些都說明鄉都制在江西地區得到推行。至元三十一年（1294 年），袁州路推官石某說當地的社長自恃為官府所設之人，在鄉間妄攬詞訟，非理害民[45]，說明社制也在江西地區實行。至於隅正、坊正，設置情況不詳。

第三節 ▶ 元朝在江西的統治狀況

　　元朝統治江西歷時八十四年（1276-1359 年）。根據通行的對元朝歷史的分期和江西地區的實際歷史進程，本書將這八十四年劃分為三個時期：前期是世祖忽必烈統治時期（1276-1294 年），中期是成宗鐵穆耳至寧宗懿璘質班時期（1295-1332 年），

45　《元典章》卷五三《刑部十五・訴訟・詞訟不許里正備申》，中國廣播電視出版社 1998 年版。

末期是順帝妥歡貼睦爾統治時期（1333-1359 年）。至正十九年（1359 年），元朝在江西地區的統治崩潰後，江西先後處於徐壽輝的天完政權、陳友諒的漢政權和朱元璋的控制之下（名義上隸屬以韓山童之子韓林兒為帝的宋政權），直到至正二十八年（1368 年）明朝建立。本書將於第四章詳述元順帝時期的江西社會及幾大勢力在江西的爭奪，本節只著重論述元朝前中期江西地區的社會狀況。

一　元世祖時期江西的統治狀況

至元十三年（1276 年）二月，元軍進入臨安，占領江南大部。對於這塊新占領區，元朝先是將注意力重點放在追擊逃亡中的南宋行朝；南宋小朝廷覆滅於崖山後，元廷經營江南的重點是攫取巨額財賦，以滿足其與西北宗王的戰爭、海外遠征和賞賜諸王的需求，對政權建設和政治清明未予太多關注。在這種背景下，這一時期的江西在政治統治方面具有三個鮮明特徵：

1. 屢興大獄，進行政治迫害。

南宋末年，文天祥的勤王之師以江西人為主，後又以閩、粵為基地規復江西，江西一度有許多州縣復奉趙宋正朔，加之元初民眾起事不斷，元朝統治還不穩定。為此，江西行省採取一系列嚴厲措施，以防止江西民眾與文天祥部溝通聯絡，根除抗元勢力，儘快壓制民眾反抗。據載，行省曾發佈文告，嚴禁民間存留與文天祥往來的書信，南宋頒發的官誥亦在禁止之列，「有者坐以連賊，無者謂為靳匿將為後用，誅論巨室逾三百家，猶有幽獄

未斷者」[46]。對參與抗元而轉入民間的人士，官府的相應措施則更為嚴厲。如至元十四年（1277 年）蘄州傅高起事失敗後，逃至武寧，江西行省參知政事賈居貞發佈公檄：「敢舍匿者，誅及其鄰。」[47] 至於以「謀反」名義實行大規模株連，也時有發生。如至元十三年至十五年（1276-1278 年）李秉彝任江州總管期間，江州大族朱氏、陳氏被告以「謀反」[48] 之罪，株連達一萬一千人。至元十七年（1280 年）都昌杜可用起事後，有人「列巨室姓名數百來上，雲與賊連」[49]。在這種氛圍之下，許多參與或試圖抗元者在鬥爭失敗後，或避禍自晦，或砥礪氣節，多隱忍不出，甚至隱姓埋名。如信州謝枋得長期著道士服，隱匿在武夷山中；樂安何時削髮，變姓名為「鄧守約」，號堅白道人，流落於汀、贛之間，以賣卜為生；何天聲則僑寓寧都，隱於寺院達三年。

2. 官員貪刻，吏治腐敗。

至元十三年（1276 年）十二月，元廷「定江南所設官府」[50]，但是，此後的至元時期，元廷始終無暇進行認真的地方政權建設，江南「州縣吏多便宜樹置」[51]，江西的地方官員則主

---

46 姚燧：《牧庵集》卷十九《參知政事賈公神道碑》，四部叢刊初編本。
47 姚燧：《牧庵集》卷十九《參知政事賈公神道碑》。
48 胡祗遹：《紫山大全集》卷十八《正議大夫兩浙都轉運使李公墓誌銘》，景印文淵閣四庫全書本。
49 《元史》卷一五三《賈居貞傳》。
50 宋濂等：《元史》卷九《世祖紀六》，中華書局 1976 年版。
51 虞集：《道園類稿》卷十八《黃純宗遺詩序》，元代珍本文集彙刊本。

第一章・元朝在江西的統治

057

要由軍將、降官、南派官員和地方人士組成。

軍將：江西行省設立後的首要任務是追擊南宋行朝。為滿足戰爭所需，初設的江西行省及各地官府具有濃厚的軍事色彩，如至元十四年（一二七七年）江西行省的官員中，塔出、張榮實、李恆、呂師夔等均為攻略江西的軍將，州縣官員中不少是他們的部下。

降官：元軍攻占江西時，為減少抵抗，迅速推進戰事，對獻城投降者許以保留官職、保護家人和財產的承諾，故所遇抵抗不多，戰事推進順利，而獻城以降的官員多依舊擔任所在州縣長官，如宋建昌通判程飛卿降元後，仍任職當地，樂安縣的元代首任縣丞是故宋撫州之吏，故宋樂安縣丞黃申則被要求擔任新朝的縣尹，等等。

南派官員：江西各地的新政權相繼建立後，大批官員從北方南來。自靖康二年（一一二七年）宋廷南徙至臨安，南北隔絕一個半世紀，北方人對江南感到極其陌生，其賢者「間有視江南為孤遠，而有不屑就之意」[52]，於是，吏部任命的南派官員中，「屠沽馹儈、市井無賴群不逞之徒，十居七八」[53]。他們人數眾多，時人目之為「海放」[54]。

52　程鉅夫：《雪樓集》卷十《吏治五事‧通南北之選》，清宣統陶氏涉園景刊明洪武本。

53　胡祗遹：《紫山大全集》卷二三《雜著‧民間疾苦狀》。

54　王惲：《秋澗先生大全文集》卷九十《便民三十五事‧議保舉》，四部叢刊初編本。

地方人士：江南新附，人情危疑，迫切需要安定社會，穩定人心，地方人士在這方面作用巨大。於是，一批地方人士得以任用。他們或為歸鄉的前宋官員，或是身膺眾望的名門望族，還有的是廣擁資財的殷實富戶。如建昌新城（今黎川縣）人、南宋進士胡夢魁還鄉後，被任命為新朝的本路判官。崇仁人傅文鎮在故宋官員逃亡、新設官員未至的情況下，被撫州軍府任命為縣尉。到任後，他積極平息反抗，安撫民眾，不久升任該縣主簿。樂安人徐通在地方政權草創之際，先是斂瘞屍骸不計其數，繼而慨然擔任縣尉，安輯流散，撫慰人情。金溪人鄧希顏則被授為該縣的云林巡檢，擔負起安定該縣東部的重任。

以上人員中，軍將出身者多貪於「子女金帛」[55]，「海放」至江南的官員「侵漁掊克，慘於兵凶」[56]，故宋降官常藉機強奪田宅產業，地方人士中則多有「豪橫吞噬之徒」[57]。而元廷無法採取有效的抑制貪刻的措施，致使官員貪刻成為至元時期江西吏治的典型特徵，官員對百姓甚至達到「肉既盡而虎狼吞噬如昨」[58]的地步。

3. 豪民盤踞，魚肉鄉民。

在封建時代國家政權設置的系列鏈條中，縣作為一級行政實體處於鏈條的末端，元朝自不例外。每縣為數不多的幾位官員，

55　虞集：《道園類稿》卷四九《李仲華墓表》。
56　王惲：《秋澗先生大全文集》卷三五《上世祖皇帝論政事書》。
57　虞集：《道園類稿》卷四八《艾聖傳墓誌銘》。
58　吳澄：《吳文正公全集》卷三七《故鄉貢進士鄭君碣銘》。

履行著徵收賦稅、維持治安、審理刑獄、昌明教化的職責。由於至元時期江西的地方官員或不諳民情，或不懂文治，或習於貪刻，加之公務繁雜，致使他們或主動或被動地與地方豪民結成互相倚重的關係，形成豪民盤踞官府、魚肉鄉民的局面[59]。《元典章》對此有詳細描述：

（江西）所轄路、府、州、縣、司吏即系土豪之家買囑承充，外而交接權豪，侵蠹民產，內而把持官府，捏合簿書。本身為吏，兄弟、子侄、親戚人等置於府、州、司、縣寫發，上下交通，表裡為奸，起滅詞訟，久占衙門，不肯出離鄉土。但遇新官到任，多方揣摩，必中奸計。倘不（引者註：「不」疑為衍文）清政者，不得而入。有貪邪之官，初緣小利侵入，不經旬日，便作腹心，委以家事。浸潤既深，搬唆同僚，改壞官事，殘害良民。吏弊之大，莫甚於此……吏人既久，人情亦熟，在縣分管鄉都科差、詞訟，公行賄賂，變是為非，那上攢下，悉由於己，使親戚盤擾鄉都，影占人戶，走變田糧，脫放盜賊，私和人命，無所不作……遇科差則高下其手，以致賦役不均；詞訟變亂是非，連年不決；和雇和買，放富差貧，要一科十；刑名曲直不分，刑獄枉濫。受賄為非，欺公害民，不能遍舉。[60]

59　吳小紅：《元代撫州鄉紳研究》（南京大學歷史系中國古代史專業蒙元史方向 2004 年申請博士學位論文，高榮盛指導）對此有詳細論述，可參閱。

60　《元典章》卷十二《吏部六・吏制一・司吏・遷轉人吏》，中國廣播

可見，江西地方豪民通過從事吏職盤踞官府、蠹民害政的情況非常嚴重。對此，元廷一直沒有找到合適的對策，致使這種弊病長期延續。江西在至元時期社會動盪，元末又較早出現動盪，均與此有重大關係。

這一時期，江西豪民勢力之強大可由臨江路（治今樟樹市臨江鎮）胡頤孫一案窺見一斑。

胡頤孫，原姓張，臨江路新淦州（今新幹縣）胡制機養子。胡氏為當地豪富，因無子而領養頤孫。後製機育有親子，仍以頤孫為長。元初，頤孫攜巨資游於達官顯宦之門，賄取江西宣慰使一職。其獲職時間估計是在至元十七年至十九年（1280-1282 年）江西行省被撤，改立江西宣慰司期間。當時正值西域人阿合馬當政後期，國事以理財為重。阿合馬在理財方面頗有成績，深得世祖欣賞，他藉機貪橫不法，凡獻巨資美女者，一律可獲高官厚爵。胡頤孫所獲江西宣慰使一職是從二品，為當時江西地區的最高長官。元制，二品以上的職官任命出自皇帝聖裁。胡頤孫很可能是通過阿合馬或其同黨，從內廷獲得任命。短短幾年間，胡氏由豪富之家一躍成為江西最顯赫的家族。

阿合馬於至元十九年（1292 年）被刺身亡，許多理財機構相繼被撤，元朝財政隨即陷入困境。不久，擅長理財的盧世榮上

電視出版社 1998 年版。頒佈這段公文的時間為大德七年（1303 年），距至元時期為時不遠。考慮公文反映的狀況系積年而成，故於此選用。

台，因缺少朝中的有力支持，當政四個月後被誅。至元二十四年（1287 年）開始，另一精於理財的吐蕃人桑哥被重用，主政達四年之久。在此背景下，至元二十六年（1289 年）閏十月，胡頤孫請求在江西創設行泉府司。泉府司設立於至元十七年（1280 年）十一月，負責皇室、諸王的高利貸和商業事務，為從二品衙門。江西行泉府司應是泉府司的派出機構，主管皇室、諸王在江西的高利貸和商業營運。胡頤孫申請了千錠至元鈔作為該司的本金，允諾每年向上輸納珍異寶物作為利息，因而被遙授為江西行省參知政事（從二品）、泉府大卿、行泉府司事。胡頤孫創設這一機構，不僅有力支持了桑哥的理財之政，更架起了聯通內廷的橋樑。此前此後，胡制機親子取得總管一職（正三品）。元制，三品職官的任命由中書省（或尚書省）提請，上呈皇帝決斷。可見，胡氏已與元朝上層包括皇室建立了穩固的關係。另，胡頤孫親弟張珪取得提舉一職，品級不詳，很可能也是出於頤孫的苦心經營。

在蒙古、色目貴顯把持上層官位的元朝，像胡氏這樣的江南富豪之家僅用十年左右的時間就官至上品，躋身顯赫，實在非同尋常。

至元二十八年（1291 年），桑哥敗亡，包括江西在內的桑哥黨羽多受牽連，胡頤孫卻仍居高位。但是，胡氏家族內部出了問題。隨著胡制機親子任職總管，胡頤孫深恐失去專制家事、專理家財的權力，遂與親弟張珪密謀，結盜買兇，殺害制機親子，全取胡氏家資，並回復張氏本姓。事後，頤孫遍行賄賂，歸罪於無辜之人。他所以能逍遙法外，很可能是倚恃與內廷的關係。

鬧得沸沸揚揚的胡氏案不久有了轉機。案發不久，胡氏家僕
胡忠四處訴冤，時任江西行省左丞的董士選力主將其治罪。董士
選出生於著名的真定路（治今河北省正定縣）藁城董氏，其家族
自成吉思汗時代起即功勳卓著，一門數代簪金纓紫，家族的政治
實力遠在胡氏之上。同時，大德時期（1297-1307 年），元廷有
鑒於江南豪強勢力過大，也有意抑制，於是，大德四年（1300
年）四月，張頤孫、張珪兄弟被誅殺在龍興鬧市，直接行兇的王
庭、羅鐵三同時被誅，幫兇謝貴先、熊瑞遭流放，頤孫之子張脫
因被迫將強占的房舍、田產、家財悉數歸還胡氏[61]。該事件是成
宗時代大規模抑制豪強的先聲[62]。兩年後，依靠海運成為江南豪
霸的朱清、張瑄被處置。

胡頤孫是至元時期江西豪霸勢力的代表，也是官員的代表。
雖然當時江西行省也不乏如參知政事賈居貞那樣體恤民瘼、勵精
圖治的官員，但更多的是如胡頤孫般通過非正常渠道進入官僚系
統的官員，由此造成的吏治腐敗是至元時期江西社會不穩定的重
要因素，也是江西士人遲至世祖、成宗之交才從心理上認同新朝

61　《元史》卷二十《成宗紀三》；《元典章》卷四一《刑部三・諸惡・不
　　睦・胡參政殺弟》。《元史》將胡頤孫兄弟被誅的時間記為大德四年
　　（1299 年）四月，《元典章》記為五年，本書采《元史》之說。
62　胡頤孫一案，日本學者植松正有細緻研究，詳見植松正《元代江南政
　　治社會史研究》第二部第五章《元代江南の一高官の犯罪》，東京汲
　　古書院 1997 年版，第 336-359 頁。本文又刊於《香川大學一般教育研
　　究》第三〇號（1986 年）。

的原因之一[63]。

經濟方面，滅宋之初，元廷注重安撫江南民眾，宣佈免除故宋的繁冗科差，公私逋欠一概蠲免。當時，江南各地的正額賦稅較之宋代有所減輕[64]。但是，至元時期，元朝財政緊張，世祖急於廣開財源，為此先後重用善於理財的阿合馬、盧世榮、桑哥等人，三人相繼得秉大權達二十一年之久。在此期間，作為江南財賦重地之一的江西地區自然成為經濟攫奪的對象，元廷為此採取了一系列相應措施。

首先是以追征「逋負」為目的的理算活動相繼在包括江西在內的江南地區展開[65]。所謂「逋負」，指歷年地方官府應當上繳而未繳的賦稅，一般以南宋時期的賦稅舊額為標準追征。桑哥等人宣稱理算是「民不加賦而歲倍入」[66]，即不必增加民眾的賦稅額度而能給元廷增加收入，於是元廷屢行理算。至元二十二年（1285）十月，郭佑言：「自平江南，十年之間，凡錢糧事八經

63　陳得芝：《論宋元之際江南士人的思想和政治動向》，載陳著《蒙元史研究叢稿》，人民出版社 2005 年版，第 571-595 頁。本文初刊於《南京大學學報》（哲社版）1997 年第 2 期。

64　周良霄：《忽必烈》，吉林教育出版社 1986 年版，第 125 頁。

65　按：除「理算」外，還有主要針對侵占官田的「括勘」。因其主要實施於江浙地區，本書略而不述。請參閱植松正《元初江南における徵稅體制について》，見植松正《元代江南政治社會史研究》，第 23-67 頁。

66　吳澄：《吳文正公全集》卷三四《有元翰林學士承旨資德大夫知制誥兼修國史加贈宣獻佐理功臣銀青榮祿大夫少保趙國董忠穆公墓表》。

理算。」⁶⁷至元二十五年（1288）十月，元廷又「從桑哥請，以省、院、台官十二人理算江淮、江西、福建、四川、甘肅、安西六省錢谷，給兵使以為衛」⁶⁸。這些理算活動給江南帶來很大傷害。

一是當時江南尚不安定，民眾起事此伏彼此，社會生產難以迅速恢復，民眾繳納賦稅的能力大大降低。江南州縣「逋負」甚多的主要原因即在於此（另一原因是地方官吏侵吞錢糧，將其數額妄指為百姓積欠）⁶⁹。理算活動其實是將戰亂造成的財賦損失強加於民。當民眾確無能力補繳自南宋滅亡以來的歷年積欠時，理算實際演變為毫無原則的暴斂。

二是追征積年「逋負」的方法是依據故宋錢糧籍冊，以各戶為單位進行；當該戶無力補繳或逃散死亡時，親屬和鄰里代為補足；再不足，則將相關人員收監。⁷⁰這種方法在民間造成很大恐慌，時人即說理算「害民特甚，民不聊生，自殺者相屬。逃山林者，則發兵捕之」⁷¹，故而理算需要派兵作為護衛。

其次，至元時期的諸役繁重與和雇和買是民眾的極大負擔。至元二十四年（1287 年）的一份公文說：「江南稅戶自歸附以來，日益凋瘵。除水旱站赤、牧馬、淘金、打捕、醫、儒諸項占

67　《元史》卷十三《世祖紀十》。
68　《元史》卷十五《世祖紀十二》。
69　《元典章》新集《吏部・官制・職官・長官首領官提調錢糧造作》。
70　即「延蔓以求，失其主者，逮及其親。又失，代輸其鄰，追系收坐」。見姚燧《牧庵集》卷十四《平章政事徐國公神道碑》。
71　《元史》卷一七二《趙孟頫傳》。

破等戶外，其餘戶計應當里正、主首、和買和雇，一切雜泛差役，已是靠損。」[72]可見，入元以後的十年間，江南諸役與和雇和買繁重病民之弊已經比較嚴重。對江西而言，由於處在控扼嶺海的戰略位置，江西行省設立之初的主要任務是追擊奔竄於閩廣的南宋行朝，隨後又成為鎮壓閩廣民眾起事的前線，由此，軍旅經行造成的頻繁需索和轉輸重任使江西百姓疲於奔命，時人謂「王師一出，饋饟百須，有司乘之以厲民」[73]。如撫州，「時閩、廣、吉、贛軍馬經過，要索不絕」[74]。南豐一地，「壤接閩贛，適當兵沖，至元丙戌（引者註：即至元十三年，1276 年）以來，閱歷六寒暑，震撼萬狀。雖城市幸完，然軍馬經從，無歲無之。至其急也，則無日無之。驚擾需求，比屋俱弊，村落殆有甚焉。粟空於廩，魚竭於池，犬雞疏果俱不得有。加以捶系淫濫，視寇虐特不殺而已」[75]。

海外遠征引發的和雇和買亦是江西民眾的沉重負擔。至元時期，元朝多次發動海外遠征，如至元十八年（1281 年）征日本，次年征安南、占城，至元二十年（1283 年）征緬國，至元二十九年（1292 年）征爪哇，等等。每次出征前，元廷都以和雇和買的形式在民間徵集軍需和役夫，江西多牽涉其中。如至元十六年（1279 年）備征日本，「敕揚州、湖南、贛州、泉州四省造戰

72　《元典章》卷二一《戶部七·錢糧·押運·糾察運糧擾民》。

73　危素：《危太朴續集》卷九《書張承基傳後》，吳興劉氏嘉業堂刊本。

74　弘治《撫州府志》卷十七《名宦·縣令》。

75　劉壎：《水云村泯稿》卷一三《汀寇鐘明亮事略》，清道光愛余堂本。

船六百艘」⁷⁶，江西沒能如期完成任務⁷⁷；至元十九年（1282 年）備征安南、占城，「敕平灤、高麗、耽羅及揚州、隆興、泉州共造大小船三千艘」⁷⁸；至元二十年（1283 年），「令隆興行省遣軍護送占城糧船」⁷⁹；至元二十一年（1284），元廷「命阿塔海發兵萬五千人、船二百艘助征占城。船不足，命江西行省益之」⁸⁰；至元二十二年（1285），世祖「敕樞密院計膠、萊諸處漕船，高麗、江南諸處所造海舶，括僱江淮民船，備征日本」⁸¹，等等。除船隻外，其他「造作、軍器、衣甲、百色物料，皆出於民」⁸²，且「強以土產所無」⁸³，不給實價，又強行拘刷水手。海外遠徵引發的征物征夫使包括江西在內的江南地區「當役稅戶多致破產」⁸⁴。吳澄說至元時期撫州「數有重難之役」⁸⁵，姚燧說撫州「始以日本之師，繼以交趾之師，供億百

76　《元史》卷十《世祖紀七》。「贛州行省」即江西行省，當時江西行省遷駐贛州，故稱。

77　姚燧：《牧庵集》卷十九《參知政事賈公神道碑》。

78　《元史》卷十二《世祖紀九》。「隆興」在至元二十一年（1284 年）後改稱「龍興」，治今南昌。江西行省當時駐地隆興，故稱。

79　《元史》卷十二《世祖紀九》。

80　《元史》卷十三《世祖紀十》。

81　《元史》卷十三《世祖紀十》。

82　吳澄：《吳文正公全集》卷四三《大元故御史中丞贈資善大夫上護軍彭城郡劉忠憲公行狀》。

83　《元史》卷一七三《崔彧傳》。

84　吳澄：《吳文正公全集》卷四三《大元故御史中丞贈資善大夫上護軍彭城郡劉忠憲公行狀》。

85　吳澄：《吳文正公全集》卷三六《故逸士游君建叔墓表》。

需，一令之下，急逾星火，動裁以失軍興法」[86]，均與海外遠征有關。經歷這些「重難之役」後，江西民眾「率至疲瘁」[87]。

元朝平定江南後，雖然採取了一些減輕百姓負擔的措施，但由於政治上的腐敗和經濟上的攫奪，百姓不僅沒有獲得改朝換代之後必要的休整時機，還被種種負擔壓得無片刻喘息，造成包括江西在內的江南地區在入元之初的近二十年間，社會總體呈現動盪不安的特徵。

二　元世祖時期江西的民眾起事

至元時期的江南，戰事不斷，民眾起事此伏彼起，「大或數萬，少或千數，在在為群」[88]。據官方統計，至元二十年（1283年）江南的民眾起事「凡二百餘所」[89]，六年後激增為「四百餘

86　姚燧：《牧庵集》卷十四《徽州路總管府達嚕噶齊兼管內勸農事虎公神道碑》。

87　吳澄：《吳文正集》卷八二《故蒼山居士徐君墓銘》，景印文淵閣四庫全書本。

88　姚燧：《牧庵集》卷十九《參知政事賈公神道碑》。陶希聖在《元代長江流域以南的暴動》一文中，列舉了元初至元十一年（1274年）至三十年（1293年）的二十年間長江流域以南發生的民眾起事84條，占至元十一年至至正八年的74年間長江流域以南民眾起事共113條的74%，足見世祖時期江南的不安定。見《食貨》第三卷六期（1936年），第35-44頁。該文對元代長江流域以南民眾起事的統計雖然多有遺漏，但從這些數字中可看出元代長江流域以南民眾起事的時段與地區分佈特點。

89　《元史》卷一七三《崔彧傳》。

處」[90]，其中心地是福建山區，人數眾多、涉及極廣、綿亙數年的黃華、鍾明亮起事均以畬民為主體、以福建山區為轉戰地。江西雖然不是民眾起事的漩渦中心，但局面亦不平靜。在元初的十餘年間，由於吏治貪刻、差役繁重、經濟攫奪以及軍事控制不力等原因，時常有自發的或響應福建的民眾起事。雖然這些起事的規模不算很大，但足以令江西社會騷動。

元軍占領江西的最初幾年，民眾自發的小規模起事遍及全境。至元十四年（1277 年），撫州崇仁人謝監軍、羅辛二率民眾起事，縣達魯花赤忻都逃遁，縣令羅實齋斃命，其後，撫州民眾一直依託岩洞山寨，反抗元朝統治[91]；次年，贛州崖石寨、太平岩起事民眾被鎮壓，幾年後，贛州民眾再起，與之同起的還有吉州民眾[92]；至元十六年（1289 年），李梓發起事於南安路，據守大庾（今大余縣），江西行省參知政事賈居貞率軍前往鎮壓，李梓發自焚而死[93]；同年，饒州民眾進逼都昌縣，被江西宣慰使張弘略鎮壓[94]；至元十七年（1280 年），南康路都昌縣人杜可用利用白蓮教組織發動民眾起事，自稱天王，設置官屬，以譚天麟為副天王，都昌西山寺僧為國師，建號「萬乘」，擁眾數萬。後，

90　《元史》卷十五《世祖紀十二》。
91　如至元十九年（1282 年），宜黃縣民眾起事於縣東的仙佳鄉南坑，後由路達魯花赤虎益、招討郭昂率軍平息。見虞集：《道園類稿》卷四九《李仲華墓表》。
92　《元史》卷一五一《邸順傳》。
93　姚燧：《牧庵集》卷十九《參知政事賈公神道碑》。
94　《元史》卷一四七《張弘略傳》。

元廷遣史弼會同江西行省所派方文共同鎮壓，杜可用失敗，被磔於龍興街頭，我國歷史上第一次由白蓮會（教）組織發動的民眾起事被鎮壓[95]；至元二十年（1283 年），龍興路武寧縣董琦等率眾起事，次年瑞州起事民眾晏順等被俘送京師；至元二十三年（1286 年），饒州路安仁縣蔡福一起事。可見，這一時期，江西民眾自發的起事此伏彼起，但規模都不大，主要活動於山寨岩洞之間，沒有開展大規模的攻城略地。

　　至元二十四年（1287 年），福建汀州（今福建省長汀縣）人鍾明亮起而反抗元朝統治，「擁眾十萬，聲搖數郡」[96]，活躍於閩、贛、粵交界地帶。雩都（今于都縣）、石城、瑞金等縣成為鍾明亮部往來之區。次年，廣東董賢舉等七人起兵，進攻南安。江西中南部多有響應者，規模較前擴大。至元二十六年（1289 年），建昌路廣昌縣邱元起事，與鍾明亮互為犄角，形成呼應。同時，贛州路有胡海、信州有鮑惠日的起事[97]。至元二十七年（1290 年），鍾明亮進攻贛州，江西民眾的響應四面蜂起，達到高潮。邱元自稱「大老」，率民眾千餘人佈陣於南豐的河田、九

95　杜可用又名杜萬一，號杜聖人。見蘇天爵輯《元文類》卷四一《雜著·招捕》，國學基本叢書本；姚燧《牧庵集》卷十九《賈公神道碑》；蘇天爵《滋溪文稿》卷十五《趙伯成神道碑》，元人文集珍本彙刊本。

96　劉壎：《水云村泯稿》卷十三《參政隴西公平寇碑》，明天啟刊本。史載鍾明亮起事時間不一，或云至元二十四年，或云至元二十五年，詳見陳高華：《元代前期和中期各族人民的反抗鬥爭》，見陳著《元史研究論稿》，中華書局 1991 年版，第 231-256 頁。

97　《元史》卷十五《世祖紀十二》。

陂、小萊等處，圍攻南豐州城，後由江西行省參知政事李世安率軍鎮壓[98]。此外，南安的鍾大獠、贛州和吉州的謝主簿、劉六十以及樂安的盧大老、南豐的雷艾江等亦率民眾活躍於各地[99]，吉州龍泉縣（今遂川縣）的數千民眾則縱橫馳騁在贛、湘交界之處的龍泉、酃縣一帶[100]。最後，元廷調集江淮、江西、福建、湖廣諸省軍隊，並將江西行省治所就近遷至吉州，同時允許吉州、贛州兩地及閩、粵、湘維持地方治安的尉兵持有弓矢，才將這次聲勢浩大的民眾起事鎮壓下去。

世祖後期這次漫及數省的民眾起事平息後，至元二十七年（1290 年）歲末，元廷重申江南軍器嚴禁令，「命樞密院括江南民間兵器及將士習武」[101]，徹底解除江南的民間武裝。次年二月，在汀州設立江西行樞密院，加強對這一地區的軍事控制，七月，又將行樞密院的治所遷至贛州，直接控遏贛、閩、粵交界山區。同時，元廷蠲免瑞州、贛州、南安、建昌、南豐等路州的賦稅，以期緩和社會矛盾。自此，在經歷了宋元更迭和至元時期長達十幾年的動盪之後，江西步入較為安定的時期。

98　劉壎：《水云村泯稿》卷十三《參政隴西公平寇碑》。邱元又作「丘元」。
99　劉壎：《水云村泯稿》卷十三《汀寇鍾明亮事略》，清道光愛余堂刊本；《元史》卷十六《世祖紀十三》。
100　《元史》卷一六二《劉國傑傳》。
101　《元史》卷十六《世祖紀十三》。

三　元中期江西的統治狀況

　　至元三十一年（1294 年）正月，忽必烈逝，其孫、太子真金第三子鐵穆耳繼位，是為成宗。元朝統治進入中期。

　　江西在經歷了世祖時期近二十年的動盪與疲憊後，世祖、成宗之交，重又恢復至「世道清平」[102]。成宗奉行「重簡守成」之策，內外都強調「惟和」，元貞、大德（1295-1307 年）年間，「天下享和平清靜之樂」[103]。但是，守成的「惟和」政治逐漸造成綱紀廢弛，吏治不清。其後繼位的武宗海山在至大年間（1308-1311 年）對貴族濫行封賞，經濟方面重在開闢財源，增加國入，吏治癒益腐敗。海山之弟愛育黎拔八達於至大四年（1311 年）登位，是為仁宗。仁宗登位前接受了較多的漢文化薰陶，繼位後，採取抑制吏員、科舉取士、編纂法規格例等措施，力圖用儒術澄清吏治，但因答己太后集團的掣肘，不僅以上措施效果有限，延祐二年（1315 年）在江南三省經理田畝還引發了社會動盪。其後，仁宗之子碩德八剌繼位，在至治三年間（1321-1323 年），前期依舊受制於祖母答己，無所作為；答己死後，大量起用漢族官僚和士人，似有意追蹤先父，澄清吏治，但因政策太過雷厲，又缺乏有力支持，最終被反對派弒殺。這是元中期最高統治集團內部的一次大變故。繼之而起的泰定帝也孫鐵木兒為撫平瘡痍，安定人心，政策重心強調「惟和」，故在泰定

102　吳澄：《吳文正公全集》卷三六《故逸士游君建叔墓表》。
103　程鉅夫：《雪樓集》卷二一《燕公楠神道碑》。

年間（1324-1328 年），儘管自然災害頻發，尚屬「天下無事」。泰定帝死後，元朝爆發了最高統治層爭奪皇位的兩都之戰和「明、文之爭」。經過血腥鏖戰，天歷元年（1328 年），武宗次子圖帖睦爾登位，是為文宗。文宗天歷（1328-1330 年）、至順（1330-1333 年）年間，經歷了前幾次大變故的蒙古高層內部躁動不安，人心難聚，社會經濟又面臨比較嚴重的困難，文宗難有作為，只能做些建奎章閣、修《經世大典》之類粉飾文治的工作，社會矛盾在進一步激化。到至順四年（1333 年）年僅十三歲的妥歡貼睦爾即位時，蒙元統治已是積弊難返，開始進入風雨飄搖的元後期。

在成宗至文宗的近四十年間，江西的社會面貌呈現如下特點：

首先，近四十年間，儘管元朝最高統治層發生幾次大變故，但除兩都之戰時江西行省兩位平章政事牽涉其中外，其餘爭鬥對江西沒有產生直接影響，百姓基本能夠安居樂業，社會經濟在前代的基礎上繼續發展。

其次，儘管仁宗、英宗、文宗等傾向儒治，但所行措施的規模和影響均有限，儒人在元代的地位始終沒有得到有效的大幅提高，作為江西地域社會中堅力量的知識分子沒有得到很好的籠絡和保護，由此，江西社會缺乏穩定有力的支撐。這是元代江西社會穩定期為時不長的重要原因之一。

複次，元朝統治者缺乏「文禁」意識，不重思想箝制，政治文化氛圍相對寬鬆，因此，元中期社會穩定時，江西的教育與文化在宋代的基礎上繼續發展，成為當時文教最盛的地區之一。許

多外地人，包括蒙古人、色目人到江西為官、求學、經商，文化交流活躍。

最後，世祖時期已經出現了較為嚴重的吏治腐敗，此後，仁宗、英宗等屢次試圖澄清吏治，均告失敗。吏治不清成為元朝的痼疾。在此背景下，貪官刻吏和與之深相勾結的地方豪霸始終是遊蕩在江西民眾身邊的魔影，且日形猖獗。其間，因官吏貪刻引發了元貞二年（1296 年）興國劉六十起事、延祐二年（1315 年）寧都蔡五九起事、延祐五年（1318 年）雩都劉景周起事以及至治三年（1323 年）寧都民眾再起，圍攻州城等。而豪民雖然經過成宗後期的抑制[104]，勢力仍然強大。略以撫州路為例。

該路金溪縣民陶甲「厚積而凶險，嘗屢誣陷其縣長吏罷去之，由是官吏畏其人，不敢詰治，陶遂暴橫於一郡」[105]。顯然，陶甲廣蓄資財，性情凶悍，把持官府，挾制官長，其勢力已經超出本縣而橫行一郡。而發生在該路臨汝書院的一起命案更彰顯了當地豪霸勢力之強大和社會關係之深廣。案件梗概如下：

撫州民吳甲，以資致身郡吏，又欲援其子乙領臨汝書院錢谷計。山長萬士元持不可。甲怒，假他事屬郡倅廷辱之。士元不能

---

104 元成宗時期抑制江南豪民的情況，詳見日本學者植松正著《元代江南政治社會史研究》第二部第四章《元代江南の豪民朱清、張瑄について——その誅殺と財產官沒をめぐって》和第五章《元代江南の一高官の犯罪》，第 297-359 頁。

105 《元史》卷一九二《良吏二・楊景行傳》。

堪，歸自剄而不殊。乙遽來受事，士元益痛憤，引刀絕吭而死。士元無子，唯一力。甲欲滅其口，復假他事俾有司逮系之。諸生皆駭散。鄰僧收士元屍而瘞焉。乙後自陳考滿，挾憲府公牒於堂，補儒學官。子迪時為都曹掾，按儒台故牒，得士元死與乙受事月日，白其狀，罷遣之，且為文弔祭士元。御史來監治者欲為乙地，而莫能奪其議也。子迪既調官去，乙得行其計，遂取臨江儒學錄。其在臨江數自警，謂「萬山長至」云。**106**

臨汝書院創建於南宋淳祐八年（1248 年），是撫州最著名的書院。南宋末年，該書院「有宿儒揭領於上，有時彥曳裾於下，肩相摩，踵相接，而談道義、論文章者彬彬也。晝之來集者如市，夜之留止者如家」**107**。宋末進士婁南良、吳可孫和元代名臣程鉅夫、大儒吳澄等均曾廁身其間。元中期，該書院卻發生了山長萬士元被逼引刀自絕之事。該案的緣起看似簡單，只是一個卑微的書院直學之職給予與否的問題，但是，案件背後的事實遠非如此。

106 黃溍：《金華黃先生文集》卷二二《跋臨汝記》。按：此案本是楊舟所記，原名《臨汝記》，「亡慮二千言」。原記已佚，無法知悉該案的詳情。上文所引出自黃溍為《臨汝記》所作的跋，儘管簡略，但案情基本明了。楊舟，字梓人，慈利州（今屬湖南省）人，至治進士，仕於州縣二十餘年，後任翰林待制。文中的子迪即申屠駉，字子迪，東平路壽張人，時任江西行中書省掾。楊舟與申屠駉交誼甚篤，《臨汝記》實是楊舟為稱頌申屠駉而作。至治三年（1323），申屠駉正要調任江西行省掾，故此案應該發生在此之前的延祐時期（1314-1320 年）。

107 吳澄：《吳文正公全集》卷十八《送臨汝書院山長黃孟安序》。

元代，直學掌學校和書院的錢谷出納，雖然卑微，卻是一個包含著切實的經濟利益和可能的政治利益的職位。經濟方面，臨汝書院學產豐厚，直學可藉機侵吞書院資產，有背景的直學甚至能夠擁有凌駕於山長之上的權力[108]。從政治利益來說，元代以直學為起點，經過逐級陞遷後進入流官系統者多有其人，所以，當時「市井之徒攜重資自獻」[109]，爭任直學。但是，元朝對直學的任職資格有明確要求，規定須是「性行端方、才幹通敏」[110]的在學生員。從上文分析，吳乙似乎不具備這種資格。山長萬士元出於保護書院財產、嚴格直學選任的目的，堅決反對吳乙擔任臨汝書院直學。

但是，萬士元以一介儒士，根本無力抗拒身為地方豪霸的吳氏父子，因為，吳氏擁有一張龐大的關係網。首先，任命直學須經路及廉訪司考試，可見吳甲與路官及廉訪司官員有勾結；其次，萬士元拒納吳乙為直學時，吳甲「假他事屬郡倅廷辱之」，萬士元自戕後，僕從被「有司逮系」，可見，撫州路的官吏均聽命於吳甲；再次，江西行省掾史申屠駉決定罷遣吳乙時，「御史

---

108 如吉安路豪強陳小峰之子陳寧為龍溪書院直學，「握出內之柄，每與山長抗禮」，見宋濂《宋學士全集》卷六四《故歧衛經歷熊府君墓銘》。

109 唐元：《筠軒集》卷十三《與孫幹卿書》，景印文淵閣四庫全書本。

110 至元二十一年（1284年）規定，直學「於本學在前執事人內，選保性行端方、才幹通敏者，止從本路出給付身勾當」，後改為「從郡守及憲府官試補」。見《廟學典禮》卷六《山長改教授及正錄教諭格例》；《元史》卷八一《選舉一・學校》。

來監治者欲為乙地」，即為吳乙說情撐腰，此處的御史當是江南行台御史，可見南台御史亦牽涉其中；最後，儘管吳乙一度被申屠駉罷遣，但在申屠駉離任後，吳乙順利升任臨江儒學錄，元制，「學錄、教諭拘該行中書省親臨路分擬受本省箚付」[111]，臨江路由江西行省直轄，那麼，直接管理教務的江西儒學提舉司官員無視吳乙被罷遣的經歷而給予陞遷，當也身涉此案。由此可見，為了一個直學職位，吳甲織就了一張網羅了上至南台御史、下至撫州胥吏的龐大關係網。從吳甲「以資致身郡吏」分析，這張網的經緯線極可能是資財。

而且，這張關係網極富韌性。首先，萬士元是由行省任命的書院山長，是處於國家官僚系統中的官員，但是，在為保護書院利益而與豪強吳甲產生的對抗中，他身處劣勢，終至捐軀異鄉，僕從亦身陷囹圄。其次，申屠駉以顯宦之胄[112]、上級官員的身分，曾儘力撕破了這張關係網，堅持罷遣吳乙，但是，他一離任，吳乙便順利升為儒學錄，申屠駉費力撕開的口子終又縫合。最後，該案歷經衝突初起、萬士元自戕未絕、再戕身死、僕從被執等幾個階段，在當地尤其是書院引起了騷動，然而，騷動的結果只是「諸生皆駭散」，萬士元由僧人草草裹埋。可見，無論是

---

111 《廟學典禮》卷六《山長改教授及正錄教諭格例》。
112 申屠駉是以「清修苦節，恥事權貴」著稱的南台御史申屠致遠第四子。申屠致遠曾出巡江西，「當時士大夫幽遠傳誦，想望風采，恨不得相見」。這說明申屠致遠在江西有較高的威望與一定的社會基礎。詳見《元史》卷一七〇《申屠致遠傳》；劉將孫：《養吾齋集》卷十八《申屠致遠博古堂記》，四庫全書珍本初集。

普通民眾，還是如萬士元這樣的學官，抑或是如申屠駉這樣有背景的上級官員，對這張關係網的韌性都無可奈何。有此關係網的庇護，豪民吳甲可以通過「假他事」、「復假他事」的種種藉口，「欲行則行，欲止則止」[113]，而歷仕州縣二十餘年的案件記錄者楊舟最後只能宿命地指望萬士元的冤魂對吳乙施以懲罰。

元人說當時地方上「有一等嘩徒專務把持官府為生。或因前項官員請託不從，多方計囑在上衙門非理，不時差委，使其奔馳道途，不得安坐。設使此計不行，即虛捏事件，直經上司謊告，買人對證。如此設計傾陷，甚是不便」[114]。吳甲正是此類擁有煊赫之勢的地方豪霸典型。

總體看來，元中期的江西，除蔡五九起事影響較大外，其餘均規模不大，為時不長，波及不廣，社會是平靜中略有動盪的微瀾，經濟在發展時捎帶著吏治的阻抑，文教的興盛間摻雜有儒人的沮喪。

四　「延祐經理」與蔡五九起事

延祐經理土地與寧都蔡五九起事是元中期江西社會的兩件大事，後者因前者而起。元朝平定江南之初，基本沿用南宋的土地登記籍冊。但是，歷經兵燹後，南豐、臨川等部分州縣的土地登記冊被毀，加之時勢變遷，土地占有狀況也有一定變化。為避免

---

113 《元典章》卷五七《刑部十九・札兒忽歹陳言三件》。
114 《元典章》卷四八《刑部十・諸臟三・雜例・羅織清廉官吏》。

貧民產去稅存、富戶隱匿租稅的情況，元朝屢次試圖經理田畝，即重新核實土地數字，使之與民眾賦稅負擔基本一致。至元二十六年（1289 年），元廷下令統計江南戶口，同時進行包括土地在內的事產登記。史料顯示，這次統計重在清查戶口，對土地登記未予重視，許多地方仍沿用前朝的土地籍冊。至元三十年（1293年），元朝重設行大農司，清理出隱占的官私田六萬多頃，清理規模有限[115]。

元仁宗延祐初年，有鑒於「民之強者田多稅少，弱者產去而稅存」的狀況日益嚴重，仁宗痛下決心，決定大規模經理田畝。這是仁宗推行的諸項改革中重要的經濟措施之一。延祐元年（1314 年），平章政事章閭（引者註：一譯作「張驢」）建言：世祖時期曾經理田畝，但欺隱尚多，有以熟田為荒田者，有躲避差役而析戶者，有富民買貧民田而冒舊名納稅者，由此造成賦稅不增，小民困頓。如果實行「經理」，讓有田之家及諸王、寺觀、學校、財賦提舉司等從實上報土田，並以之作為徵賦差役的依據，此後將租稅無隱，徭役均平[116]。仁宗採行該建議，派章閭等往江浙行省，你咱馬丁等往江西行省，陳士英等往河南行省經理田畝。為處理因此而起的糾紛，平息可能產生的動盪，仁宗同時令行御史台和樞密院派員鎮遏防護。

---

115 以上內容詳見陳高華、史衛民《中國經濟通史‧元代經濟卷》，經濟日報出版社 2000 年版，第 223-228 頁。

116 《元史》卷九三《食貨志一‧經理》。

　　此次經理土田的方法是：事先出榜示民，限其在四十日內將所有田地自行向官府上報。若有人以熟田為荒地，或以田地為葦蕩，或隱占逃亡之家的田產，或侵盜官田作為民田，或將民田枉作官田，以及僧道以田土作弊，許諸人舉報。經查實後，欺隱十畝以下者，杖七十七；二十畝以下者，加罪一等；一百畝以下者，杖一百零七；一百畝以上者，流放北邊；所隱田土俱行沒官。各郡縣正官若不行查勘，致有脫漏，量事論罪，重者除名。

　　「延祐經理」的初衷是好的，對違令者，其法也不可謂不嚴峻。這是元廷試圖在儘可能短的時間內，藉助酷法，實現對富庶的江浙、江西、河南三行省的土地清查。但在實際執行過程中，由於官員多只意在增加田地數量或增收田賦，以邀功賞，而不注重據實清丈土地，富民黠吏又藉機結納為奸，致使經理轉變為暴政，並因遭到巨大阻力而旋即停罷。但是，從一定程度推論，這次行動確實給元廷增添了大量國有土地。譬如，在「奉行者率務增加以為功」的普遍情況下，號稱不苟且從事的湖州路歸安縣尹尚且增田五十頃[117]，其他地區就可想而知了。從至順《鎮江志》的記載看，通過這次經理，各地建立了新的「經理冊」，「寸畦尺畛，咸入版圖」；泰定四年（1327 年）又據此冊重加考核，增加的土地最終得到確定。

　　在江西，經理期間虛增田畝和稅糧的方式有多種。從宜黃、

117 黃溍：《金華黃先生文集》卷三一《奉議大夫御史台都事李公墓誌銘》。

樂安、信豐、南康等縣的情況分析，主要有四種方式：一是由於
官田租率高於民田稅糧，遂強占民田民地，將其變為官田；二是
將墳場、宅基等非耕地強變為耕地；三是縮小每畝田地的實際面
積，達到增加頃畝的目的；四是直接增加每畝土地的納糧數。如
在信豐縣，拆毀民房一九○○多處，甚至夷墓揚骨，將房基和墓
地括作田畝。在南康縣，「會以例地不勝，乃有指山為田，以竹
為稼穡，苟備簿帳而不計其為貽害也」。宜黃縣的經理官吏「橫
加酷虐，甚至撤民廬舍，倍增頃畝」[118]，結果，「各縣官田每畝
科糧一石，本縣（引者註：指宜黃縣）每畝科糧三石七斗有奇；
且二百四十步為畝，天下皆然，本縣獨以一百九十步為畝……是
以民散田荒，死亡相續」[119]。經理之後，宜黃的田賦由宋代的一
三八九○多石驟增至三八九四○多石，樂平州增派浮寄之糧，民

---

118 俞希魯等纂：至順《鎮江志》卷五《田土》，卷六《學校》，宋元方
志叢刊本，中華書局 1990 年版。郭木孫：《南康免糧記》，載劉節纂
修：嘉靖《南安府志》卷二五《藝文志》，天一閣藏明代方志選刊續
編本。道光《宜黃縣誌》卷十《田賦志》。

119 道光《宜黃縣誌》卷十《田賦志》。以上數字反映的是至正二十年
（1350 年）陳友諒漢政權所委撫州同知周復初給宜黃加賦一萬零九百
多石以後的田租與田地單位面積的情況。在增加的一萬零九百多石稅
糧中，民田稅糧增加了七千九百四十五石多，那麼，此次官田稅糧只
比延祐時期增加了二千九百多石，增加了 11.4%。如果暫不考慮田地
單位面積的變化，將至正時期每畝科糧三石七斗多減去這 11.4%，那
麼，延祐經理以後，宜黃官田每畝科糧亦有三石二斗多。元代「閩憲
職田，每畝歲輸米三石，民率破產償之」（蘇天爵：《滋溪文稿》卷
九《元故太史院使贈翰林學士齊文懿公神道碑銘》）。職田亦屬官田。
宜黃官田應是收租穀，以 70%的出米率計算，每畝折收租米二石二斗
多，較福建廉訪司職田租額為低。

眾負擔增加三倍以上，安福州的稅糧則較經理之前增加一一○○餘石。

由於經理官吏未遵循據實清丈的原則，無端增加民眾負擔，終於激起民眾的反抗。贛州路雩都縣承樂鄉「集溪洞間豪民三十餘家，相取亡命，約所徵糧弗與」[120]，最後在縣尹靳孟亨的努力下，沒能發展為大規模的武裝抵抗。延祐二年（1315年）四月寧都州爆發的以蔡五九（一作蔡午玖）為首的反抗則發展成波及兩省、震動朝廷的武裝抗賦。

延祐二年四月，蔡五九率寧都三個鄉的民眾起事。他們聚集在兔子寮五王廟，執錫楞刀槍，殺豬設酒，誓師起事。蔡五九自號洞主。自此直到蔡五九被擒，戰爭共分三個階段。

第一個階段是蔡五九部與寧都弓兵交戰，進展順利，時在六七月間。六月，蔡五九等開始出寨，攻擊村落郡邑。贛州路令寧都州知州某和同知趙某進行抵禦。但是，寧都州素無常駐軍士，只設有不足百人的捕盜弓手，且自至元末期以來，當地武備不修，弓手們既無弓箭，更無營壘。七月初七，趙某與蔡五九部發生遭遇戰，趙某被殺。蔡五九部繼續向寧都州城進發。

第二階段是蔡五九部與贛州路及南安萬戶府官軍作戰，蔡五九部兩次圍攻寧都州城，先勝後敗，最終撤圍，同時攻占福建寧化縣，時在七八月間。趙某之死使贛州路對蔡五九部不敢再掉以

---

120 蘇天爵：《滋溪文稿》卷七《大元贈中順大夫兵部侍郎靳公神道碑銘》。

輕心，他們當即購買弓箭，急送至寧都，同時請求南安萬戶府派兵鎮壓。七月九日，仁宗下詔，發兵緝捕，南安萬戶府遂出兵。寧都則開始繕修壁壘，加強警備。七月十日，蔡五九部兵臨寧都城下，焚燬城外四關民居。州判官彭淑率民兵出城迎戰，擊殺蔡五九部五六十人。同時，南安萬戶府軍衝破蔡五九部的包圍，進入州城，分守四面。經過七天的戰鬥，十六日，蔡五九部撤圍。二十三日，兩軍再戰於寧都州延福裡，因蔡五九部事先設有埋伏，元軍失利，蔡五九部再圍州城。城中彭淑死守城池，同時徵發城外兩個鄉的民兵七〇〇〇人，由巡檢率領，屯駐於城外七里。八月三日，蔡五九部萬餘人攻城，彭淑開門迎戰，與巡檢所領民兵內外夾攻。蔡五九部難以抵擋，試圖渡過城外小河撤退。恰值河水上漲，蔡五九部溺死過半。撤圍後，蔡五九回駐兔子寮，自稱蔡王，出行豎立漢高旗，布列儀仗和衛隊，並設戰棚，加強守禦。其間，蔡五九派兵攻陷了江浙行省汀州路的寧化縣。

　　第三階段是蔡五九部與江西、江浙兩行省軍隊交戰，蔡五九部最後失敗，時在八九月間。當蔡五九部再次兵圍寧都州城時，江西行省平章政事李世安移文樞密院，請求增兵。八月六日，李世安率部至寧都。十日，因蔡五九部攻陷寧化縣，仁宗令江浙行省平章政事章閭率部進討。九月，進攻蔡五九部的軍隊達六個萬戶軍[121]。同來督視的還有御史台、肅政廉訪司的要員及贛州路長

---

121 劉岳申：《申齋劉先生文集》卷八《高師魯墓誌銘》載，此次鎮壓共動用三省的軍隊，但《元史》《經世大典》《吳文正公全集》等均載只

官。兩省軍隊以彭淑為先導展開進攻，直擊兔子寮。弓兵宋伏成在兔子寮木麻坑擒獲蔡五九。蔡五九被殺，餘眾或擒或散。九月十七日，仁宗下詔，封賞軍士。元中期波及兩省、延續近半年的蔡五九起事最終失敗。

「延祐經理」使江浙、江西、河南三省民眾同受荼毒，惟有寧都州的反抗規模大，影響廣，這是由多種因素共同促成的。

首先，寧都州的戶籍和田糧登記冊向來混亂，「富無實糧，貧有虛額」[122]。每年催徵賦稅，富戶的賦額常由貧戶代輸，因之破產者甚多。「延祐經理」再度虛增田糧，對民眾無異於雪上加霜。他們起而反抗，實屬自然。

其次，你咱馬丁在江西經理田畝，對寧都民眾荼毒尤深，時稱「贛為甚，寧都又甚」[123]。吳澄也說：「寧都官吏經理田糧，殘虐啟釁。」[124]受害愈重，反抗愈烈，亦是人之常情。

複次，寧都州民眾多隸南安萬戶府軍籍，習於武事。他們是新附軍，每戶需出一名男丁從軍，駐紮南安。這些新附軍在寧都的家小由官府支給米鹽，他們不能像漢軍那樣擁有免稅的土地，所有土田需與民戶的田土一樣繳納租賦，承當差役。太平無事的年月，寧都州尚且時有「嘯聚」之事發生，當「延祐經理」直接

派遣了江西、江浙兩行省的部分軍隊。

122 吳澄：《吳文正公全集》卷四十《元承事郎同知寧都州事計府君墓誌銘》。

123 劉岳申：《申齋劉先生文集集》卷九《元奉議大夫吉安路吉水州知州驍騎尉永豐縣子孫君墓誌銘》。

124 吳澄：《吳文正公全集》卷四二《江西行省平章政事李公墓誌銘》。

侵害他們的利益時，他們遂倚恃險關，起兵抗拒。而且，南安萬戶府出兵以後，仍不能有效遏制蔡五九部的攻勢，致使戰事蔓延到江浙行省，可能與南安軍中多反抗者的親朋故舊有關。

又次，蔡五九是一位具有反抗經歷和作戰經驗的領袖。蔡五九在宋末動盪期間，一度遊走在撫州、贛州一帶，曾聯合崇仁縣曾伯三、杜五二等夜劫崇仁王喬、仙童二寨，殺張達翁一家，劫其家財。後，文天祥在江西招兵勤王，其中王道翁一支在應召之前進擊王喬、仙童二寨。山寨被攻破後，曾、杜二人被擒，蔡五九逃至寧都。王道翁與其子伯高在興國會兵，繼續進攻蔡五九。文天祥抗元失敗後，王道翁所部余兵亦散，蔡五九遂得以安處寧都[125]。估計在元軍入贛之初，蔡五九仍控制著一支武裝。至元時期，贛州頻發民眾起事，其中某些可能與蔡五九不無關係。可以說，蔡五九是一個具有一定領導才能、豐富作戰經驗和較強反官府傾向的人。「延祐經理」期間，蔡五九雖是垂垂老者，但不妨礙其成為反抗者的領袖。

最後，延祐初，江西各地發生了嚴重的自然災害。延祐二年春季青黃不接時，江西從北部的江州到南部的贛州、南安均出現饑饉。當天災與人禍並至時，四月，面臨饑荒與加賦雙重困境的寧都民眾終於奮起為生存鬥爭。

蔡五九起事雖然失敗，但促使元朝統治者在荼毒百姓方面有

---

125 按：蔡五九在宋末元初的活動詳見謝胤璜修、劉壽祺纂、陳潛續修雍正《崇仁縣誌》卷四《武勇傳‧王道翁》，清代孤本方志選第一輯。

所收斂。當年十一月，元廷以「星變赦天下，減免各種差稅有差」[126]。其中，「河南、江浙、江西三省經理自實出隱漏官民田土，合該租稅，自延祐三年為始，與免三年」[127]，即三省新括田地免稅三年。延祐五年（1318年），三年免稅期屆滿，六月，御史台建言：「昔遣張驢等經理江浙、江西、河南田糧，虛增糧數，流毒生民，已嘗奉旨俟三年征租。今及其期，若江浙、江西當如例輸之，其河南請視鄉例減半征之。」[128]即江浙、江西兩省新增田賦正式開始徵收，河南省減半收取。仁宗同意了該請求。

蔡五九被殺，新增賦稅開始徵收，「延祐經理」似乎以勝利告終，但民眾的反抗沒有停息。延祐五年十月，徵賦令下，與寧都相鄰的雩都縣民在裡胥劉景周的率領下，再次起事，聚眾抗征。為防止起事蔓延擴大，仁宗被迫再次下旨，暫且免徵新租。至此，「延祐經理」在江西引起的社會動盪暫告消退。其後，虛增的賦稅中有相當一部還是成為江西民眾的負擔，並相沿入明，繼續荼毒百姓。

五　宗親勳臣在江西的封戶

分封制度在我國由來已久。秦始皇廢封建，設郡縣，似乎廢除了分封，但此後的漢、明兩代，少數民族王朝如匈奴、突厥，

---

126 《元史》卷二五《仁宗紀二》。
127 《元典章》卷三《聖政二‧復租賦》。
128 《元史》卷二六《仁宗紀三》。

莫不實行分封，只是形式與內容不盡相同。蒙古人建立的元朝亦實行分封，稱投下分封制度，其植根於草原游牧民族的家產分配和成吉思汗黃金氏族共權的原則，隨著蒙古人的征服推行於廣闊地域[129]。作為最晚被蒙古征服的地區之一，投下分封制度亦施行於江西。

所謂投下，指蒙古大汗分封給諸王、駙馬、后妃、勳臣的人戶或封地，主要有草原兀魯思、漢地五戶絲食邑、江南戶鈔制、投下私屬等形式。投下分封制度在江西地區的體現是眾多人戶被分封給宗親、勳臣，作為他們的封戶而承擔相應的戶鈔，屬於江南戶鈔制。至元二十年（1283 年），元廷規定，江南封戶每 1 萬戶納鈔 100 錠，由中書省轉撥給各投下主（封主）。中統鈔 1 錠為 50 貫（兩），1 貫（兩）共 1000 文，那麼，1 萬戶納鈔 100 錠，平均每戶納鈔 500 文（5 錢）。元成宗時期，江南每戶鈔數由 500 文增加至 2 貫（2000 千文），較原額增加 3 倍[130]，增加部分由官府承擔。宗親、勳臣在江西的封戶分佈和所得戶鈔具體如下[131]：

---

129 楊志玖：《元代分封制度研究序》，載李治安《元代分封制度研究》，天津古籍出版社 1992 年版，第 1 頁。以下關於江西封戶的論述，參考了該書部分內容。

130 按：江南戶鈔以中統鈔為支付手段，而元代中統鈔貶值很快，故成宗時期江南戶鈔額雖然較世祖時期增加 3 倍，但封主所得並沒有相應地增加 3 倍。

131 《元史》卷九五《食貨志三・歲賜》，第 2411-2444 頁。以下所列戶鈔數均為元成宗時期調整以後的戶鈔額，即每萬戶納鈔 400 錠。從《元史》記載來看，每萬戶所納戶鈔數實際上有超過 400 錠的，如答

至元十三年（1276 年），分撥信州路 30000 戶給野苦大王（太祖成吉思汗弟搠只哈撒兒大王之子），計鈔 1200 錠；

至元十八年（1281 年），分撥南豐 11000 戶給答裡真官人（太祖成吉思汗之叔）**132**，計鈔 460 錠；

至元十八年（1281 年），分撥建昌路 65000 戶給按只台大王（成吉思汗弟哈赤溫之子），計鈔 2600 錠；

至元十八年（1281 年），分撥鉛山及周圍地區 18000 戶給成吉思汗異母弟孛羅古楉**133**，計鈔 720 錠；

至元十八年（1281 年），分撥撫州路 104000 戶給阿里不哥大王（成吉思汗第四子拖雷之子，忽必烈弟），計鈔 4160 錠；

至元十八年（1281 年），分撥隆興路 105000 戶給真金太子（忽必烈次子），計鈔 4200 錠，同時分撥瑞州路上高縣 8000 戶給其四怯薛（伴當），計鈔 330 錠，真金逝後，尤其皇后繼承；

至元十八年（1281 年），分撥吉州路 65000 千戶給安西王忙哥剌（忽必烈三子），計鈔 2600 錠**134**；

裡真官人從南豐所得戶鈔即是。

132 劉壎：《水云村泯稿》卷五《南豐郡志序目》（清道光愛余堂刊本）載：「（至元）十九年，升邑為州，被旨以戶萬有二千撥屬謁裡干大王，余悉系官。」與《元史》記載有左。茲據《元史》。

133 《元史》卷九五《食貨志三·歲賜》記為「分撥鉛山州一萬一千戶」，至元十八年（1281 年）時，鉛山尚未設州，至元二十九年（1292 年）才因鉛山為別裡古台大王封地，將上饒縣之乾元、永樂二鄉，弋陽縣之新政、善政二鄉劃歸鉛山，設州，直隸行省。故當時分封時，應是將鉛山及其周圍四鄉民眾分撥於別裡古台大王。

134 按：安西王忙哥剌死於至元十五年（1278 年），至元十七年（1280

至元十八年（1281 年），分撥贛州路 20000 戶給成吉思汗大
斡耳朵（成吉思汗正妻的宮帳），計鈔 800 錠，15000 戶給成吉
思汗第二斡耳朵，計鈔 600 錠，21000 戶給成吉思汗第三斡耳
朵，計鈔 840 錠；

至元二十一年（1284 年），分撥袁州路分宜縣 4000 戶給世
祖第二斡耳朵，計鈔 160 錠；大德四年（1300 年），增撥袁州路
萍鄉州 42000 戶，計鈔 1680 錠，共計 1840 錠；

至元二十一年（1284 年），分撥饒州路 4000 戶給勳臣哈剌
赤禿禿哈（欽察人，任欽察衛都指揮使、樞密副使），計鈔 160
錠；

至元二十一年（1284 年），分撥袁州路萬載縣 3000 戶給勳
臣必闍赤（宮廷某書記官），計鈔 120 錠；

至元二十二年（1285 年），分撥臨江路 65000 戶給北安王那
木罕（忽必烈四子），計鈔 2600 錠；

大德三年（1299 年），分撥袁州路宜春縣 40000 戶給世祖忽
必烈大斡耳朵，計鈔 1600 錠[135]；

年），其子阿難答襲王位，故吉州路實是封給阿難答。大德十一年
（1307 年），阿難答與海山（即元武宗）爭奪汗位失敗，阿難答被賜
死，其封地被轉賜給皇太子愛育黎拔力八達。故《元史》卷二二《武
宗紀一》載，大德十一年十一月，皇太子愛育黎拔力八達言：「近蒙
恩以安西、吉州、平江為分地，租稅悉以賜臣。」同月，他又說：「吾
之分地安西、平江、吉州三路……」吉州早在元貞元年（1295 年）已
改稱吉安，此時不應稱吉州，誤。

135 《元史》所記分撥給世祖忽必烈大斡耳朵的封戶為 1 萬戶，數量有
誤。該處記宜春縣這 1 萬封戶需繳戶鈔 1600 錠，是額定的 4 倍，數

大德八年（1304 年），分撥瑞州路 65000 戶給懷寧王海山（忽必烈之孫答剌麻八剌次子，後為元武宗），計鈔 2600 錠；

大德十年（1306 年），分撥袁州路宜春縣 29750 戶給世祖忽必烈第三斡耳朵，計鈔 1190 錠，分撥袁州路萬載縣 29750 戶給世祖第四斡耳朵，計鈔 1190 錠；

皇慶元年（1312 年），分撥南康路 65000 戶給晉王甘麻剌（忽必烈之孫，真金太子長子），鈔數不明[136]；

延祐三年（1316 年），分撥江州路德化縣 29750 戶給伯藍也怯赤（忽必烈次子真金太子皇后），計鈔 1190 錠；

天歷元年（1328 年），分撥南康路給豫王阿剌忒納失裡（忽必烈第七子西平王奧魯赤曾孫）作為封地，封戶、鈔數不明[137]。

元代宗親、勳臣在江西的封戶有如下特點：

首先，元朝在江西的分封主要發生在世祖朝，尤其是至元十八年（1281 年），其後的成宗朝、武宗朝、仁宗朝和文宗朝相繼有所增加。至元十八年（1281 年）分撥給宗王、勳臣的民眾共計 799279 戶，其中江西地區有 462000 戶，占 58％；元代江西

額過高。另，世祖第二斡耳朵有 4 萬多封戶，第三和第四斡耳朵各有近 3 萬封戶，若大斡耳朵只有 1 萬封戶，相對太少。故，世祖大斡耳朵的封戶是 4 萬戶，而非 1 萬戶。

136 《元史》卷九五《食貨志三・歲賜》未記載分撥給晉王甘麻剌的南康路 65000 封戶所納戶鈔。若依每萬戶納鈔 400 錠計，當有 2600 錠。

137 《元史》卷九五《食貨志三・歲賜》在「阿剌忒納失裡豫王」下記有「天歷元年，分撥江西行省南康路」，未明言封戶數量與戶鈔數額。

共有 839250 封戶**138**，其中分封於至元十八年（1281 年）的占 55％，世祖朝分撥的封戶則有 538000 戶，占江西總封戶的 64％。

其次，江西的封戶主要是分撥給成吉思汗第四子拖雷一系中的忽必烈諸子、后妃、阿里不哥等，成吉思汗直系親屬中的諸叔、諸弟和后妃有小部分封戶，只有極少是撥給勳臣的，駙馬、公主等在江西地區則沒有封戶。這種分封格局或許與江西的地理位置有關。因為，拖雷一系既然是蒙元帝國的核心部分，那麼，體現在分封上，拖雷系所封食邑亦儘可能位於核心部位。江西恰位於江南三省的中部，故對應地主要成為拖雷系的封地。江西 839250 封戶中，分撥給拖雷系的有 652250 戶，占總數的 78％，皇太子真金的封地更是位於江西的核心地區——隆興（龍興）。

最後，江西封戶眾多。《元史・食貨志・歲賜》記載的江南封戶約 194 萬戶，其中江西地區有近 84 萬戶，占總數的 43％。這與江西地區的封主多為元朝最尊貴的宗親，故所得最多有關。如太子真金的封戶高達 105000 戶，是元代擁有江南封戶最多的封主。居於第二位的是忽必烈幼弟阿里不哥，擁有撫州 104000 封戶。各宗親、勳臣在江西的封戶約占江西官方統計總戶數（279 萬戶）的 30％。有些地方比例更高，如在贛州路約占

---

138 未包括天曆元年（1328 年）分撥給豫王阿剌忒納失裡的南康路不明數量的封戶以及后妃、愛育黎拔力八達在吉安的封戶。

78％[139]，在撫州路約占 48％[140]，在南豐州約占 44％[141]，而南康路在皇慶元年（1312 年）將 65000 戶分撥給當時的仁宗生父晉王甘麻剌後，封戶約占該路總戶數的 68％，到天曆元年（1328 年），又有部分人戶分撥給豫王阿剌忒納失裡。

元廷將江西地區的民眾大量分撥給宗王、勳臣，對江西的影響，主要體現在政治統治、行政建制和經濟三個方面。

政治統治方面，元朝規定，諸王分地的達魯花赤（一地最高監臨官）可經封主舉薦，由朝廷任命，以保證封主的利益，並在一定程度上體現封主的權利，故，各封地達魯花赤中有相當一部分是封主的宿衛、近臣等私屬人員，部分總管、縣尹等亦是封主的親舊。如隆興路（龍興路）成為太子真金的封地後，真金召宋嚴格選任該路達魯花赤[142]；南昌富民伍真父，資甲一方，娶諸王女為妻，充龍興路總管[143]；信州路永豐縣達魯花赤火失答兒是受永豐封主勢都兒派遣來任職[144]。封主所選達魯花赤雖然與總管、縣尹等流官共同署理政務，但因達魯花赤為掌印官，擁有最後決定權，故能對政務施加相當的影響，有些達魯花赤甚至借封

---

139 據《元史·地理志五》，至元二十七年（1290 年）贛州的官方統計人口數是 71287 戶，成吉思汗三個斡耳朵在贛州的封戶是 56000 戶。

140 至元二十七年（1290 年）撫州的官方人口統計數是 218455 戶，阿里不哥大王在撫州的封戶是 104000 戶。

141 至元二十七年（1290 年）南豐州的官方統計人口數是 25078 戶，答裡真大王在南豐的封戶是 11000 戶。

142 《元史》卷一一五《裕宗傳》。

143 《元史》卷一八一《虞集傳》。

144 虞集：《道園類稿》卷四六《靖州路總管捏古台公墓誌銘》。

主之勢巧取豪奪，魚肉鄉民。另，有些封主還在封地設置投下私屬官府，專門管理封戶，催辦差役，如服務於太子真金的詹事院下設江西財賦提舉司，專掌真金在江西的事產、戶口、錢糧、造作等事，真金的怯薛在上高縣的八○○○封戶則專設戶計司管領。這些投下私屬官府與朝廷所設官府不相統攝，對地方政務造成很大干擾。《元典章》中的一段公文反映了分宜和萬載兩縣的投下私屬官府對地方政務的影響：

延祐六年三月，袁州路奉江西行省札付來申，分宜縣怯憐口（引者註：指私屬人口）四千戶長官司、萬載縣三千戶計勾當，元撥戶設置止是催辦本投下差役，今恃倚別無親管上司鈐束，又與本路不相統攝，往往違例受理刑名詞訟，擅便斷決，妄招戶計，影避差徭，相關有司約問事理，遷延歲月，不能杜絕。又每歲合辦錢糧、差發，本路官吏圓簽認狀，分宜、萬載縣出給印信由帖，本司另設主首、保甲催辦，民受重擾。歲終不能齊足，負累有司，實傷治體。[145]

從該公文可看出，投下私屬官府對地方政務的干擾來自以下幾個方面：一是「違例受理刑名詞訟，擅便斷決」，干擾地方司法；二是「妄詔戶計，影避差徭」，攪亂地方戶籍與賦稅科差制度；三是不與地方官府配合，拖延政務的處理進程；四是另設催

145　《元典章》新集《刑部·訴訟·約會·戶計司相關詞訟》。

征科差人員，百姓受擾；五是屆期沒能完成催征任務，由地方官府賠付，累及地方財政。

行政建制方面，為保證封主不受各級地方官府的重重牽制，元廷適當提高部分封地的行政級別，以體現對宗親、勳臣的懷柔之意，江西地區有幾處行政建制或行政轄區因而出現相應的變動。南豐原是縣級行政區，至元十九年（1282 年），因其為答裡真大王封地，遂升格為州，直隸江西行省。豐城縣因隸屬皇太子真金位下，至元二十三年（1286 年），升為富州，又改「隆興」為「龍興」。至元二十九年（1292 年），因鉛山為別裡古台大王封地，元廷將上饒縣乾元、永樂二鄉和弋陽縣新政、善政二鄉劃歸鉛山，升其為州，直隸江浙行省。

經濟方面，宗親、勳臣在江西的封戶近八十四萬戶，以每戶納鈔二貫計，每年江西地區上繳給宗親、勳臣的戶鈔高達三萬三千多錠。雖然其中的四分之三不由民眾直接承擔，但相對於元中期江西行省六萬餘錠的商稅、各五萬餘錠的夏稅和酒稅而言[146]，戶鈔位居第五，不可謂不重。此外，各地官吏為討好貴為皇親國戚的封主，往往在額定的戶鈔之外，儘力多繳，如江西行省曾想將超收的四十七萬貫歲課獻給皇太子真金，這個數字是當時真金在龍興路戶鈔的近 9 倍[147]。另，封主們還憑藉權勢控制了江西某

---

146 商稅、夏稅、酒稅數字分別見《元史》卷九三《食貨志一》、卷九四《食貨志二》，均指元代的江西行省而言，非今日江西轄境。

147 按：此事發生在世祖至元時期，當時每戶納戶鈔 500 文。真金在龍興路有封戶 105000 戶，戶鈔共計 52500 貫。此次上獻的 470000 貫，相

些重要財源，使之成為戶鈔之外的另一項重要收入。如瑞州路上高縣的蒙山銀場銀課巨大，而瑞州最初是撥給懷寧王海山的，當海山成為元武宗後，該路轉為皇太后的湯沐邑[148]，由皇太后下轄的徽政院直接管理，其主要官員由皇太后經徽政院直接任命，銀課則直接上繳徽政院。至於封主選派的達魯花赤倚勢強取豪奪，可能比較普遍。如龍興路達魯花赤達納任滿之時，「藏獲（引者註：當作『臧獲』）數千指，牛羊馬駝蹄角亦數千，田屋、資貨猶不與」[149]。他不僅擁有大量牲畜、田產，還占有數百名驅口。這些東西先由達納獻於封主真金皇后伯藍也赤，再上獻於忽必烈。

　　宗親、勳臣在江西地區擁有大量封戶，是元代江西政治、經濟生活中的重要特點。封主們雖然身不在江西，但產生了重要而廣泛的影響：部分官吏直接來自封主，將封主的政治、經濟、司法影響帶至江西；有些江西人通過結納封主，踏上仕途；有些蒙古、色目人則通過管領封地踏足江西，接受漢文化的影響，成為漢化的代表。

當於真金額定數鈔數的近 9 倍。這次上獻被賢明的真金拒絕。
148 即瑞州路上交的戶鈔主要作為皇太后的湯沐之資。
149 《牧庵集》卷十一《普慶寺碑》。「臧獲」是對奴婢的賤稱。

第二章——

元代江西的

經濟

第一節 ▶ 人口、土地、賦役與諸色課程

人口和土地數量是一個政權必須掌握的基本數據。元朝的戶口登記制度不夠完善，唯一一次全國性的戶口統計發生於世祖至元末期，數據卻不夠準確。元朝的戶籍制度頗具特色，實行的是諸色戶計制度。「色」即種類，「計」指賬簿，「戶計」即戶籍。諸色戶計制度是根據人戶的種族、等級、職業、所屬機構等多種標準進行分別登記，以便讓他們承擔國家運行所需的各種義務。人戶一旦籍入特定戶計，一般不能隨意更動，且子孫世襲，除非政府根據特定需要重新劃定。這是元朝戶籍制度的一個顯著特徵。同時，元代戶籍按財產和丁口狀況，分為三等九甲，即實行戶等制。元代的江西地區亦實行諸色戶計制度和戶等制。

元朝政府對全國的土地數字也無法準確掌握，由此造成的國家賦稅流失、民眾負擔不均曾是元廷試圖加以解決的問題。當仁宗時期聲勢浩大的「延祐經理」以虛增稅糧告終而沒有達到清丈田畝的最終目的後，元廷遂放棄此類努力，故元朝的土地籍冊與實際占有狀況一直存在較大差距。江西地區雖有部分地方官為此努力，但成效有限，貧民產去稅存、富者田多稅少的弊端始終存在。民田和官田是元代江西地區分屬於民間和官方兩大系統的田土，而以前者為主。

基於土地和人口的元代賦役制度比較複雜，包括稅糧、科差、雜泛差役、和雇和買諸多名目；江南不同北方，江南三省之間亦有所不同。其中，稅糧是江南民眾最重要的負擔，科差對江南民眾影響較小，攤派雜泛差役時存在放富差貧的現象，本是應急而產生的和雇和買在元代成為常制。江西地區的多數民眾均有

這些負擔和義務。

諸色課程是指稅糧、科差之外的各種稅收，主要針對商業、采冶、打捕、釀造、養殖、畜牧等非農業生產活動徵收，是國家財政收入的重要組成部分。江西作為江南經濟比較發達的地區，其稅課收入相當可觀，但本節只略述其中幾項，其餘將在各相關產業中詳述。

一　人口與戶籍

元朝在滅宋的過程中，比較注意接收各地的戶口登記冊。至元十二年（1275 年）三月，元軍占領江東部分地區，得 2 府、5 州、2 軍、43 縣，831852 戶，1919106 口，饒州、信州可能在其中。十一月，南宋江西轉運使兼隆興知府劉槃開城投降，元江西都元帥府傳檄各地，江西諸郡相繼降元，元軍據有江西 6 府州、4 軍、56 縣，接收各地戶籍，得 1051829 戶，2076400 口。依以上數字計算，江東地區平均每戶 2.31 口，江西諸郡平均每戶 1.97 口，與宋代的戶口統計制度相符，顯然是宋末的戶籍冊。

占有江南後，元廷將北方的諸色戶計制度推廣到江南（此待後文詳述）。至元後期，南方漸趨穩定，元朝便在江南實行大規模的戶口登記。至元二十六年（1289 年）二月，忽必烈下詔，「籍江南戶口，凡北方諸色人寓居者亦就籍之」[1]。十月再次下詔。登記辦法是：包括諸王所屬人戶、山林隱居人戶和江河湖海

1　《元史》卷十五《世祖紀十二》。

浮居人戶在內的各類人戶均在登記範圍之內；各類人戶自行赴所在府州司縣登記，登記後，由官府給付印押戶貼；各類人戶編立保甲，互相監督，以防止擅自遷移；隱漏瞞報，處以死罪；鄰里知漏報而不告發，處以杖刑一百零七下。從內容看，這次登記的人戶範圍廣，違者處治嚴，給江南社會造成了很大騷動，以致忽必烈在至元二十八年（1291 年）三月親下詔旨，安定人心。

江西這次戶口登記的部分結果保留在《元史·地理志五》中，列表如下：

政區	戶數	口數	戶均口數	備註
饒州路	680235	4036570	5.934	
信州路	132290	662258	5.006	
鉛山州	26035	缺		至順錢糧數
龍興路	371436	1485744	4.000	
吉安路	444083	2220415	5.000	
瑞州路	144572	722302	4.996	
袁州路	198563	992815	5.000	
臨江路	158348	791740	5.000	
撫州路	218455	1092275	5.000	
江州路	83977	503852	6.000	
南康路	95678	478390	5.000	
贛州路	71287	285148	4.000	
建昌路	92223	553338	6.000	
南安路	50611	303666	6.000	
南豐州	25078	128900	5.140	

對上表需要說明的是：首先，上表所列只是這次戶口登記的部分結果。因元代實行諸色戶計制度，各類人戶在登記時被予以區別對待。上表所列可能主要包括民戶、站戶、儒戶、匠戶等，僧道等特殊人戶可能未包含在內；北方僑寓戶早在至元二十一年（1284 年）已經單列；至於軍戶，其數量屬重要機密，可能根本未列入登記範圍。故，有些地方誌所載元代的戶口數與上表所示相左。如上表中撫州路有 218455 戶，弘治《撫州府志》則載元代該路南北戶共計 218977 戶，後者比前者多 522 戶。元代在江南地區只進行過這一次全面的戶口統計，兩個數字均應是這次統計的結果。那麼，這多出來的 522 戶很可能是「北戶」，即從北方遷居撫州者。此外，撫州路還有僧、道、尼、女冠 13787 名，未顯示在上表中。同樣的情況也出現在南安路。上表載元代該路有 50611 戶，嘉靖《南安府志》引舊志所載，元代該路有南北戶 51667 戶，二者相差 1056 戶。這 1056 戶很可能也是「北戶」。

其次，應審慎對待上表所列數字。除部分人戶未包含在上表外，細看上表，可以發現，除饒州、信州、鉛山州、瑞州和南豐州外，其餘路州戶均口數均為整數。饒、信等五路州中，前三者隸江浙行省，後二者屬江西行省，而瑞州路戶均口數亦十分接近整數。如果採用百衲本《元史・地理志》所載瑞州戶口數，那麼，瑞州路有 144472 戶，722360 口，平均每戶恰是 5 口。再查《元史・地理志》，可以發現相似的情況亦出現在江西行省所轄而今屬廣東省的各路州戶口中。茲列表如下：

政區	戶數	口數	戶均口數
廣州路	170216	1021296	6.000
韶州路	19584	176256	9.000
惠州路	19803	99015	5.000
南雄路	10792	53960	5.000
潮州路	63650	445550	7.000
德慶路	13705	32997	2.408
肇慶路	33338	55429	1.663
梅州路	2478	14865	6.00
南恩路	19373	96865	5.00
封州	2077	10742	5.172
新州	11316	67896	6.000
桂陽州	6356	25655	4.036
連州	4154	7141	1.719
循州	1658	8290	5.000

上表顯示，除封州和桂陽州兩地戶均口數較正常外，其餘路州，或太過整齊，或少至 1.663 人，或多至 9 人，均不正常。再查戶口登記時屬江西行省、至元三十年（1293 年）劃歸湖廣行省的興國路（治今湖北省陽新縣），《元史・地理志》載其 50952戶，407616 口，每戶平均 8 口，也是一個不正常的數字。

那麼，是不是元代戶口登記要求將數字略作處理呢？查梁方仲《中國歷代戶口、田地、田賦統計》對元代各行省戶均口數所作統計，除陝西行省奉元路（治今陝西省西安市）、江浙行省寧

國路（治今安徽省宣城市）和集慶路（治今江蘇省南京市）外，其餘戶均口數都不是整數。可見，元代沒有對戶口數字略作處理的制度性要求。江西之所以會出現如此整齊劃一的戶均口數，唯一的解釋就是行省和各級地方官員基於種種原因，對數字進行了處理，換句話說，江西行省的戶口登記存在造偽現象[2]。

但是，通過與其他史料進行比對，可以發現，這些經過造偽的數字也不是虛得太過離譜。以撫州為例，《元史·地理志》和撫州地方誌均載元代撫州有 21 萬多戶，這一點得到崇仁人虞集的證實。他曾明確說撫州人口繁阜，在 20 萬戶之上。上表載南豐州有 25000 多戶，邑人劉壎亦說元初南豐戶數 2 萬餘，王澄則在元末說該州「戶不滿三萬」[3]，均與《元史·地理志》所載相差不大[4]。由此，《元史·地理志》所載至元後期江西的戶口登記數雖不實，但仍可部分地作為分析元代江西人口狀況的依據。

最後，對饒州路的戶口數字尤應慎重。上表顯示，至元後期饒州路戶數為 680235，居全國第二位，口數為 4036570，位列第一。這有悖於南宋以來饒州人口發展並無特出之處的情況。再分析該路下屬州縣的行政等級。其轄下有 3 個中州、2 個上縣和 1 個中縣。元制，戶數 5 萬至 10 萬者為中州，4 萬、5 萬者為下

2　關於元代江西戶口登記造偽，部分參考了日本學者植松正的《元代江南社會政治史研究》，第 90 頁。

3　王澄：《重創鼓樓記》，載王 、程三省等纂修：萬曆《南豐縣誌》卷七《藝文志》，台北成文出版有限公司 1989 年版。

4　按：也許虞集、劉壎亦是據官方登記的戶口數而言，但已無從考究。

州，3 萬戶以上為上縣，1 萬戶以上為中縣，附廓縣戶數雖多，也不升格為州。據此，以上限計算，該路餘干、樂平、浮梁 3 個中州各計 9.9 萬戶，上縣德興計 3.9 萬戶，中縣安仁計 2.9 萬戶，附廓縣鄱陽乃大縣，計 9.9 萬戶，6 州縣合計也不過 46.4 萬戶，距 68 萬戶尚差 21.6 萬戶。故饒州路的戶口數明顯有誤。有學者認為，《元史・地理志》所載饒州路戶口數實際是該路所在的江東建康道肅政廉訪司所轄寧國、徽州和饒州三路戶口的合計。若減去前兩路的戶口數，所得 290226 戶、2049567 口，便是饒州路的戶口數字[5]。

除發生在至元後期的全面籍戶之外，江西某些路州還進行過局部的戶口統計，如瑞州路有至治二年（1322 年）的籍戶數，較至元數多出 382 戶[6]，龍興路有至正年間的籍戶數，較至元數減少 169643 戶，346046 口[7]。

由宋至元，江西各路州人口有升有降。總體上看，多數路州幾乎沒有經過抵抗便成為大元版圖，戰爭對這些地區的人口沒有很大影響，加之南宋末年和入元以後，外來人戶陸續遷入江西，使部分路州的人口在南宋的基礎上有所增長。這時遷入的人口主要停留在江西的中北部。南宋末，四川最先受到蒙古攻擊，荊湖

5　葛劍雄主編：《中國人口史》第三卷《遼宋金元時期》（吳松弟著），復旦大學出版社 2000 年版，第 324 頁。

6　陶屢中等纂修：崇禎《瑞州府志》卷十《戶田志一》，台北成文出版有限公司 1983 年版。

7　范淶修，章潢纂：萬曆《南昌府志》卷七《典志類・戶口》，台北成文出版有限公司 1989 年版。

繼之，兩地人士流寓江西者頗多，江州為此特建景星書院，以養
淮蜀之士；南康路曾收容流亡 4 萬餘口；江北流民 70 餘人則長
期活動在贛中的臨江、富州一帶，因得不到妥善安置，結黨 400
餘人，發展成禍害地方的一股勢力；贛東北則因位處三地交界
處，北方南徙之人多有僑寓於此者。元代江西以臨江、瑞州兩路
人口增加最為明顯，撫州、信州、建昌較南宋後期略有減少[8]；
中南部的南豐、贛州等地人口損失較大。南豐陳捷、江七龍在響
應文天祥失敗後，所領士卒「死於兵刃者甚眾，士民之不及避者
死尤眾，橫屍路衢，府寺、民廬、廛肆一炬幾盡」[9]。南豐在開
慶元年（1259 年）主客戶共計 49300 多戶，元初僅存 2 萬餘戶，
人口損失超過一半。入元以後人口減少最明顯的是贛州路。該路
不僅深深捲入文天祥的抗元之戰，有些屬縣由宋入元的戰爭也進
行得異常慘烈，其後又成為至元時期民眾起事的頻發地區。如上
猶縣在至元十六年（1279 年）被元軍攻陷後遭到屠城，「邑廨舍
倉庫及一千四百一十六家之生靈玉石俱焚，縱有苟免於城者，又
不免於四境，萬有餘人同日而死」[10]。加上人戶的逃亡，次年，
該縣城中僅存 72 家。由此，贛州路的官方統計人口由寶慶年間
（1225-1227 年）的 321356 戶減為至元中期的 10 萬戶以上[11]。至

8　詳見下文《宋元江西人口密度表》。

9　劉壎：《水云村泯稿》卷一三《汀寇鍾明亮事略》，清道光愛余堂刊
　　本。

10　黃文杰：《上猶縣治記》，載陳奕禧等修，劉文友等纂：康熙《南安府
　　志》卷十八《藝文志上》，台北成文出版有限公司 1989 年。

11　按：至元二十年（1283 年）定諸路等級，規定十萬之上者為上路。

元二十年（1283年）以後，該路又受到福建鐘明亮起事的波及，人口再減，石城縣民胡廉在起事平息後回歸故里，「滿目　萊，死者過半，田無人耕。一二鄰舊雖為編茅蓋頭，然稿（引者註：當作『槁』）無生意」[12]。至元二十七年（1290年）進行戶口登記時，贛州路只剩71287戶，僅及寶慶戶數的22％。南宋紹興（1131-1162年）初，贛州已有「地廣人稠」[13]之稱，到元代，許多村鎮淪為狐豸出沒之所，偌大的信豐縣，元代只有4179戶，20780口（時龍南併入信豐）[14]，而龍南、安遠二縣則因人口稀少，在至元二十四年（1287年）到至大三年（1310年）間一度被廢除。

《元史・地理志》載贛州路為上路，可知其在至元二十年左右戶數在十萬以上。

12　吳澄：《吳文正公全集》卷三五《石城胡際叔妻徐氏墓表》。

13　徐松輯：《宋會要輯稿》方域六之二六，中華書局1957年版。

14　嘉靖《贛州府志》卷四《食貨・戶口》。

江西文庫 A0701A18

江西通史：元代卷　上冊

主　　編	鍾啟煌	
作　　者	吳小紅	
責任編輯	楊家瑜	
發 行 人	陳滿銘	
總 經 理	梁錦興	
總 編 輯	陳滿銘	
副總編輯	張晏瑞	
編 輯 所	萬卷樓圖書股份有限公司	
排　　版	菩薩蠻數位文化有限公司	
印　　刷	百通科技股份有限公司	
封面設計	菩薩蠻數位文化有限公司	

出　　版　昌明文化有限公司
桃園市龜山區中原街 32 號
電話 (02)23216565

發　　行　萬卷樓圖書股份有限公司
臺北市羅斯福路二段 41 號 6 樓之 3
電話 (02)23216565
傳真 (02)23218698
電郵 SERVICE@WANJUAN.COM.TW
大陸經銷　廈門外圖臺灣書店有限公司
　　電郵 JKB188@188.COM

ISBN 978-986-496-188-7
2018 年 1 月初版
定價：新臺幣 260 元

如何購買本書：

1. 轉帳購書，請透過以下帳戶
　　合作金庫銀行 古亭分行
　　戶名：萬卷樓圖書股份有限公司
　　帳號：0877717092596

2. 網路購書，請透過萬卷樓網站
　　網址 WWW.WANJUAN.COM.TW

大量購書，請直接聯繫我們，將有專人為您
服務。客服：(02)23216565 分機 610

如有缺頁、破損或裝訂錯誤，請寄回更換

國家圖書館出版品預行編目資料

江西通史 元代卷 / 鍾啟煌主編. -- 初版. --
桃園市：昌明文化出版；臺北市：萬卷樓
發行, 2018.01
　冊；　公分
ISBN 978-986-496-188-7(上冊：平裝). --
1.歷史 2.江西省
672.41　　　　　　　　　　107001899

本著作物經廈門墨客知識產權代理有限公司代理，由江西人民出版社授權萬卷樓圖書
股份有限公司出版、發行中文繁體字版版權。